安心・快適な妊婦ライフと出産に！

おうちで マタニティヨガ レッスン

MATERNITY YOGA LESSON

マリコ（スタジオ・ヨギー）著

Gakken

LET'S START MATARNITY YOGA!

Prologue

妊娠おめでとうございます。
この本を手にとってくださったみなさんは、
母になる大きな喜びでいっぱいのことと思います。
その一方で、出産や育児に対しての期待や不安などの気持ちで揺れ動く時期だと思います。
女性にとって一生のうちでも大きな変化と貴重な体験ができるこのときを、
健やかで前向きな気持ちで過ごすためにもマタニティヨガは最適です。
妊娠、出産、さらには産後に必要な筋力や体力をつくることができるのはもちろん、
妊娠中に起こりがちな不調を軽減し、不安な気持ちを取り除いてくれるメリットもあります。
私自身、マタニティヨガのおかげで不安な気持ちを手放し、
前向きな気持ちでお産にのぞむことができました。
ヨガを通して、骨盤への意識を高め、呼吸法を身につけたことで、
自然に陣痛の波に乗ることができましたし、メンタル面でも、自分と赤ちゃんの生命力を信じ、
周囲のサポートに身も心もゆだねることができ、自分なりの「よいお産」になりました。
現在は、1歳7か月になる息子の子育て真っ最中で、
自分の思いどおりにいかないこともたくさんありますが、
それを受け入れながら楽しむことができるのも、ヨガのおかげだと感じています。
本書で紹介するプログラムは、初心者の方にも安心して行っていただけるものばかり。
それでも、初めのうちはうまくポーズができないかもしれません。
でも、ヨガはポーズを完成させることが目的ではありません。
ヨガを通じてあるがままの自分に寄り添い、
おなかの赤ちゃんを感じながら、
心と体に広がる感覚を大切にしましょう。
どうぞマイペースで行ってみてくださいね。

スタジオ・ヨギー
ヨガインストラクター
マリコ

効果を高めるために 本書のココがポイント 12

Point 1 各ポーズで主に刺激する筋肉の場所とその効果がよくわかる

「ココに効いてます」のところでは、どこの筋肉を刺激し、体にどんな作用があるのかを解説。ポーズの効果をよく理解でき、行うときに意識できます。

Point 2 10分プログラムの何番目を行っているか一目瞭然

各プログラムは4～5のポーズで構成されています。今、何番目を行っているか知りたいときは、ページ右上の連続写真を見ればひと目でわかります。

今はココ！
ココに効いてます
上半身をほぐして
呼吸をしやすく
背骨をしなやかに動かす猫のポーズで、胸まわりのろっ間筋をストレッチ。ツイストでは背中の筋肉を刺激し、上半身のこわばりを解消。２つのポーズを行うことで、背中の柔軟性が高まり、呼吸がしやすくなります。
回転とびらのようにねじって
背骨を軸に、回転とびらのイメージで胸から上だけを軽くねじります。
ツイスト
肩を
後ろに引く
吸う
吐く
吸う↔吐く
5呼吸
赤ちゃんは
こんな感じ
背すじを
長く伸ばす
左の坐骨が
床から
浮かないように
4
背すじを伸ばして胸を軽くツイスト
右手を腰の後ろに、左手は右の太ももに添え、息を吸って背骨を長く伸ばし、両方の坐骨に均等に体重をかけて、息を吐きながら右の肩を少し後ろに引き、胸の上部を軽めに右にツイストします。目線も右斜め上に向けます。ここで5呼吸キープします。
反対側も同様に
2
片脚を曲げた側屈&前屈のポーズへ
73

Point 3 体の動かし方のイメージのイラスト付きでポーズをとりやすく

ポーズをとるときの、体を伸ばす方向や力の入れ方など体の動かし方のイメージをイラストで説明。そんなイメージを持ってポーズをとると、上手にポーズがとれ、効果を得やすくなります。

Point 4 ポーズのときの注意ポイントをつかんでより効果アップ

写真の上を○で囲んでいる部分はポーズをとるときに注意したい点。ヨガ初心者でもここを気をつければ効果がアップします。行う前にチェックして。

本書にはマタニティヨガの効果をみなさんが十分感じられるように、そして安心して行えるようなポイントがいっぱい。そのポイントをチェックして、ママヨギーニになりましょう！

赤ちゃんは
こんな感じ

Point 5 ポーズをとっているときの赤ちゃんの状態も意識しましょう

マタニティヨガでは、おなかの赤ちゃんと一緒にポーズをとります。ポーズ中の赤ちゃんはどんな状態なのか、図解をもとに赤ちゃんと対話しながら行うのが◎。

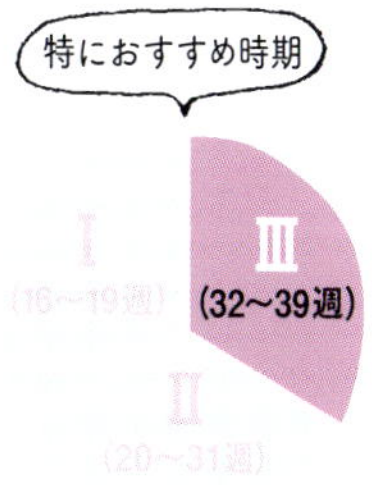
特におすすめ時期
Ⅰ
(16～19週)
Ⅲ
(32～39週)
Ⅱ
(20～31週)

Point 6 妊娠期のなかでも、特におすすめの時期をチェック

LESSON1 ～ 5のポーズはすべて妊娠期向きのもの。ただ、ママによって体の状態は違うので、Ⅰ～Ⅲに分け、特におすすめの時期は濃い色で表示していますので確認しましょう。

NG
腰を反りすぎない
ように

Point 7 NG写真で初心者によくある間違いに注意を

「この姿勢、本当に合っているかな？」と不安になったときに、役立ててほしいのがNG写真。自分の姿と比較してチェックしましょう。

Easy
ブロックなどに手を置き、
浅めの前屈でもOK

Point 8 Easyポーズが紹介されているから無理のないポーズをとって

マタニティヨガでは無理は禁物です。レベルに合わせてEasyポーズをチョイスできるよう、多めに紹介。心地よさを大切に行いましょう。

こんな効果もあります

- もも裏のストレッチ
- 脚のつり予防
- 下半身のめぐりを促進
- 脳を落ち着かせる
- 心身のリラックス

point 9 うれしい効果はいろいろ。モチベアップに役立てて

ヨガポーズはひとつ行うだけでたくさんの効果が得られます。そのさまざまな効果を知っておくと、ヨガを行うモチベーションもアップします。

吸う↔吐く
5呼吸

吸う　吐く

point 10 動きに合わせたい呼吸のタイミングがマークですぐわかる

ヨガでは動きに合わせた呼吸が大切。動きに呼吸を上手にリンクできるよう、呼吸マークで表示。ポーズの効果アップにつながります。

point 11 産後のプログラムとしても活用できる！

産後に行う場合、妊娠期のポーズと変えたほうがよい場合はそれも紹介。産後の体型戻しや不調解消のために本格的に活用できます。

骨盤を刺激する動きはお休みします

産後の骨盤は大きなダメージを受けています。脚を大きく開く開脚のポーズはお休みします。ただし、「骨盤底筋の引き締めと解放」は回復に役立つので、医師に相談のうえ、痛みがなければ産後24時間以降に始めてOKです。

point 12 産後の体にどう役立つかきちんとわかる！

マタニティヨガは産後もポーズを一部変えて行えます。産後の体にどう効果があるかしっかり解説しているので参考にしてください。

DVDのココがポイント

DVDは本書のプログラムにほぼ連動。さらにDVDだけのセットレッスンメニューもあり、体調や気分に合わせてチョイスできます。どれも、スタジオレッスンのように、先生のていねいな誘導のもと安心して行えます。

メインメニュー画面

目的別10分ヨガ、スペシャルメニュー、セットレッスンメニューの各プログラムから、ご覧になりたい項目を選択すると、映像が始まります。

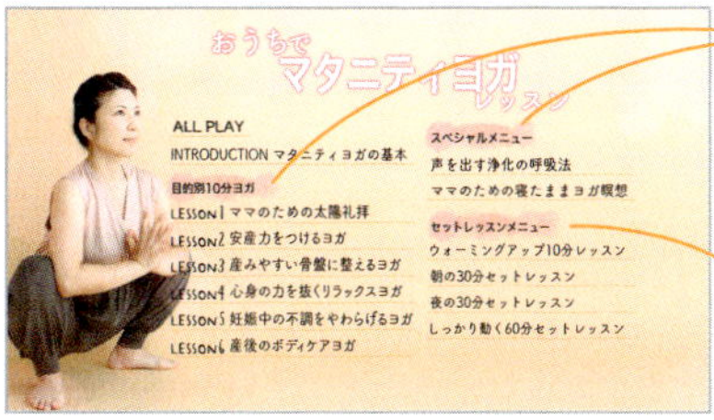

Point

本誌と連動して、目的別10分ヨガやスペシャルメニューが選べる

目的別の10分プログラムであるLESSON1～6、スペシャルメニューとしてママのための呼吸法や瞑想法などから、その日の体調や気分によって選べます。

Point

おすすめのプログラムを組み合わせたセットメニューレッスンが選べる

朝用、夜用など、目的に合わせて最適なものを、ウォーミングアップからお休みのポーズまで一連の流れで行えます。セットメニューとして行いたいときに重宝します。

サブメニュー画面

メイン画面でINTRODUCTIONマタニティヨガの基本を選択すると、この画面に移動。すべて通して見ることも、項目別に選択することもできます。

Point

マタニティヨガの基本を個別にチェックできる

サブメニューでは、基本の座り方、呼吸法など、マタニティヨガの基本を個別にチェックでき、練習できます。

レッスン画面

妊娠期のプログラムでは妊婦さんと一緒にレッスン。インストラクターが通常ポーズを、妊婦さんがEasyポーズを行うので、やりやすいほうを選択できます。ポーズをキープして呼吸を繰り返すときは呼吸の表示が出ます。

Point

スキップ機能が付いているから1ポーズのチョイスもカンタン

個別にポーズを行いたいときや、チェックしたいときに活用してほしいのがスキップ機能。各ポーズの最初に移動できるので便利です。

注意 「DVD付きおうちでマタニティヨガレッスン」を始める前に必ずお読みください

- 本来の目的以外の使い方はしないでください。
- 必ず対応のプレーヤーで再生してください。対応のプレーヤー以外で再生すると、耳などを傷める危険性があります。
- 直射日光の当たる場所で使用または放置・保管しないでください。反射光で火災が起こるおそれや目を傷めるおそれがあります。
- ディスクを投げたり、振り回すなどの乱暴な扱いはしないでください。
- ひび割れ・変形・接着剤で補修したディスクは使用しないでください。
- 火気に近づけたり、熱源のそばには放置しないでください。
- 使用後は専用ケースに入れ、幼児の手の届かないところに保管してください。

<DVDの取り扱いについてのお願い>　（ご使用前に必ずお読みください）

・ディスクは両面ともに、指紋・汚れ・キズなどをつけないように扱ってください。
・ディスクは両面ともに、鉛筆・ボールペン・油性ペン等で文字や絵を書いたり、シールなどを貼り付けたりしないでください。
・ディスクが汚れた場合は、メガネ拭きのような柔らかい布で、内周から外周に向かって放射状に軽く拭いてください。
・レコードクリーナー、ベンジン・シンナーの溶剤、静電気防止剤は使用しないでください。
・直射日光の当たる場所、高温・多湿な場所での保管は、データの破損につながることがあります。また ディスクの上に重いものを載せることも同様です。

<使用上の注意>

・ＤＶＤビデオは、映像と音声を高密度に記録したディスクです。ＤＶＤのロゴマークの付いた、ＤＶＤ対応プレイヤーで再生してください。ＤＶＤドライブ搭載のパソコンでも再生できます（ごくまれに、一部のＤＶＤプレイヤーでは再生できないことがあります。また、パソコンの場合もＯＳや再生ソフト、マシンスペック等により再生できないことがあります。この場合は各プレイヤー、パソコン、再生ソフトのメーカーにお問い合わせください）。
・本DVDに収録されている著作物の権利は、学研パブリッシングに帰属します。
・このＤＶＤを個人で使用する以外は、権利者の許諾なく譲渡・貸与・複製・放送・有線放送・インターネット・上映などで使用することを禁じます。ただし、図書館での貸与は、館内のみ認めます。

<DVDに関するお問い合わせ先>

・DVDの操作方法や不具合に関するお問い合わせ先は、下記にお願いします。DVDの内容に関しての問い合わせはお受けできません。
DVDサポートセンター 0120-500-627　受付時間 10時～17時（平日のみ。土・日・祝のぞく）

CONTENTS

LESSON 5

LESSON 6

STAFF

[BOOK]
撮影　布川航太
ヘア＆メイク　土方証子
モデル　平野奈都美
イラスト　かとうとおる　北川剛之（キットデザイン）
編集協力　七戸綾子（ロハスインターナショナル）
取材・文　井上玲子
編集　野上郁子（オフィス hana）
装丁・本文デザイン　ohmae-d
DTP ノーバディー・ノーズ

[DVD]
DVD 製作　PINE10
DVD 編集　オールブルー

衣装協力
ヨギー・サンクチュアリ（ロハスインターナショナル）　☎ 03-5768-2792
http://yoggy-sanctuary.com/
ヨガワークス　0120-924-145

INTRODUCTION

始める前に知っておきたい！
最初にマスターしたい！

マタニティヨガの効果と基本

おうちで安心してマタニティヨガを始めるために、
知っておきたい基礎的な知識やその効果から、
最初にマスターしたい基本の姿勢や
呼吸法を紹介します。ポイントをおさえたら、
おなかの赤ちゃんと一緒に始めましょう！

出産のときも産後も
元気にのぞめる

マタニティヨガ

健康的な体づくりの定番となったヨガ。妊娠期や出産時に

メリット 1

出産に向けて少しずつ体力づくりができる

スムーズな出産のためには、それに向けての体づくりが必要。その点、バランスのよい体をつくり、代謝を上げ、血液循環をスムーズにするヨガは、マタニティ期にもぴったりなのです。出産に向けて必要な筋力と柔軟性が無理なくついてきます。

メリット 2

お産で大切な骨盤への意識が高まり産みやすい体に

ヨガのレッスンでは、立ちポーズで脚力を強化し、骨盤まわりを整えることができます。また、骨盤の向きに意識を向けてポーズをとっていくことで、出産のときに大切な骨盤の動かし方への意識が高まります。産むときにもその感覚が役立ちます。

メリット 3

深い呼吸法を身につけることで陣痛への準備ができる

ヨガを行う際、もっとも重要なのが呼吸です。動きに合わせて、自然な深い呼吸をする習慣をつけておくと、妊娠期をリラックスして過ごせるでしょう。また、陣痛に対する対処法が身につくので、安心して出産にのぞむことができます。

心と体の5つのメリット

FIVE MERITS

はもちろん、産後にも心と体にうれしいさまざまなメリットがあります。

メリット 5

ヨガ＝調和

がんばることと受け入れることのバランスがとれる

ヨガには「調和」という意味があり、体をほぐしながら心をほぐし、しなやかさと力強さのある心と体をつくっていくことが真髄です。出産や育児で必要となる「がんばることと受け入れること」、そのバランスも自然にとれるようになっていきます。

メリット 4

心身の変化に気づきやすくなり妊娠・出産・育児に前向きに対応できる

ヨガを通じてその日そのときの心身の状態に目を向けることで、その変化を感じ取る力がつきます。すると、自分の状態を冷静に判断できるようになり、出産や育児に対する自信が生まれ、前向きな気持ちでのぞめるように。

ヨガビギナーでも
これを知れば安心！

マタニティヨガを

マタニティヨガを始める前に知っておきたい基礎的な知識

Q ヨガは未経験ですが、妊娠期からでも始められますか？

A ビギナーでもできるポーズを選んでいるので大丈夫です

本書のプログラムは、ヨガが初めての方でも無理なくポーズができるよう、妊娠期の体に合わせてアレンジしています。楽しみながら自分のペースで始めてみてください。だんだんとコツがつかめてくるでしょう。

Q 体が硬くてうまくポーズがとれなくても効果がありますか？

A できる範囲で行えばOK。十分に効果があります

無理せず、できる範囲で大丈夫です。目安は、呼吸がスムーズに続けられること。完成ポーズのひとつ手前の段階でキープしてもかまいません。呼吸と連動して行うことで、十分に効果が得られます。

Q どんな服装で行えばよいですか？

A 体を冷やさない動きやすい服装で行いましょう

体を冷やさない、ゆったりとした服装がおすすめです。ガードルや腹帯など体を締めつける衣類ははずして行いましょう。足元は素足が理想ですが、冷えが気になる場合は、レッグウォーマーで足首を温めるとよいでしょう。

始める前のQ&A

を紹介します。初心者でも安心してスタートできます。

Q いつ頃から始めればよいですか？

A 安定期に入ったら、体調のよいときに行いましょう

安定期に入る妊娠16週以降であれば、いつでも始められます。主治医から運動の許可がおりたら、少しずつ始めましょう。下記の「妊娠期別のポイント」で、体の状態とヨガをするときのポイントを紹介します。

妊娠期別のポイント

妊娠期	体の状態とヨガをするときのポイント
Ⅰ（16～19週）	**関節に負担をかけない体の使い方を練習する** 安定期まで運動を控えていたことから、筋力や体力が落ちています。まずはヨガの動きに慣れましょう。ホルモンの変化でじん帯がゆるみ始めていますから、関節に負担をかけないよう、筋肉をしっかり使うことを意識して。
Ⅱ（20～31週）	**体を動かしたあとは、「休む」ことを意識する** 体を動かしやすい時期なので、出産に必要な筋力や体力をつけましょう。とはいえ、無理は禁物。ママが疲れると、おなかの赤ちゃんにも負担がかかってしまいます。動いたあとは「休むポーズ」も意識して行いましょう。
Ⅲ（32～39週）	**体調に合わせて、リラックスしながら行う** おなかがぐっと大きくなるため、あお向けの姿勢が苦しかったり、恥骨や脚のつけ根に痛みを感じる場合も。つらいポーズは控え、体調に合わせてリラックスのプログラムや不調改善のポーズを上手に取り入れましょう。

Q どんな環境で行うとよいのでしょうか？

A 携帯電話などを切って落ち着ける環境づくりを！

携帯電話をオフにしたり、室温を調整するなど、自分がリラックスできる状況を整えてから行いましょう。いつも同じ場所&同じ状況で行うようにすると、そこに座るだけでも気持ちがヨガに向かっていきやすくなります。

Q おすすめのBGMはありますか？

A ヒーリング系や環境音楽などがよいでしょう

マタニティヨガは、自分の呼吸や体の状態に意識を集中させて行うことが大切です。そのためには、リズムや歌で呼吸のペースが乱されるような曲は避けるとよいでしょう。小鳥のさえずりや波の音など、自然なヒーリング系や環境音楽などがおすすめです。

Q 出産予定日が過ぎてもヨガを行ってよいですか？

A 体調がよければ大丈夫です

体調がよければ、予定日を過ぎても、実践して大丈夫です。なかには、出産をスムーズに進めたり、陣痛の痛み逃しに役立つものなど、出産の直前や最中に行うと効果があるポーズもあるので、おなかの赤ちゃんを感じながら行ってみてください。

Q 産後はいつから始めてよいでしょうか？

A 骨盤底筋の引き締めは痛みがなければ24時間後からOK

「骨盤底筋の引き締めと解放」（P62）は、産後の回復を早めるのに効果的なので、会陰《えいん》の痛みなどがなければ、産後24時間以降、横になったままやイスに座った状態で行うことができます。体を大きく動かすポーズは、一般に、産後6週間以降、医師から運動の許可が下りたら始めましょう。

Q どんな頻度で行うとよいですか？

A 体調や気分、ライフスタイルに合わせて自分のペースで行いましょう

ヨガを行うのに、回数や時間にこだわる必要はありません。その日の気分や体調により、おなかの赤ちゃんと相談しながら楽しく続けましょう。

おすすめの取り入れ方

体調や気分に合わせて手軽に

本書では、LESSON 1から6まで目的別に約10分のプログラムを、また、スペシャルメニューとして、ママのための呼吸法や瞑想を用意。気分や体調に合わせてチョイスしましょう。

DVD 目的別10分ヨガやスペシャルメニュー

LESSON 1 ママのための太陽礼拝	ママ向きの複数のポーズをテンポよく繰り返し行うことで、短時間で効率的に全身を温めます。
LESSON 2 安産力をつけるヨガ	立ちポーズ中心で、力強くしなやかに動くことで出産に必要な足腰の筋力を強化するプログラムです。
LESSON 3 産みやすい骨盤に整えるヨガ	出産の流れをスムーズにするための、骨盤を整えるプログラム。陣痛時に役立つポーズもあります。
LESSON 4 心身の力を抜くリラックスヨガ	妊娠によってこわばりがちな心身の力を抜くための、リラックス感のあるプログラムです。
LESSON 5 妊娠中の不調をやわらげるヨガ	肩こり、便秘、腰痛、疲労感、脚の疲れなど、妊娠中に起こりがちな不調にアプローチするプログラム。
LESSON 6 産後のボディケアヨガ	妊娠、出産でゆるんだ骨盤を調整し、骨盤底筋や腹筋を引き締め、ボディラインを内側から整えます。
ママのための寝たままヨガ瞑想	寝たままの姿勢で、インストラクターの誘導で行う瞑想です。心身に深いリラックス効果があります。
声を出す浄化の呼吸法	マタニティ独自の呼吸法で、骨盤底筋をゆるめ、体の力を抜くのに有効です。陣痛時の痛み逃しにも。

いくつかのプログラムを組み合わせて行いたい

DVDではウォーミングアップからお休みのポーズまで一連の流れで行えるよう、いくつかのプログラムを組み合わせたコースをご用意。30分・60分コースは無理のない範囲で、週2～3回行うのがおすすめです。

DVD セットレッスンメニュー

ウォーミングアップ10分レッスン ヨガの動きに慣れたいときに。

完全式呼吸法 ＋ 側屈と首のストレッチ ＋ 猫のポーズ ＋ 子どものポーズ ＋ ママのためのお休みのポーズ

朝の30分セットレッスン 心身を目覚めさせたいときに。立ちポーズ中心。

側屈と首のストレッチ ＋ 猫のポーズ ＋ 子どものポーズ ＋ LESSON 1 ＋ LESSON 2 ＋ ママのためのお休みのポーズ

夜の30分セットレッスン 疲れをとり、深く眠るための準備をしたいとき。座りポーズ中心。

側屈と首のストレッチ ＋ 猫のポーズ ＋ 子どものポーズ ＋ LESSON 3 ＋ LESSON 4 ＋ ママのためのお休みのポーズ

しっかり動く60分セットレッスン バランスよくアクティブに動きたいときに。

側屈と首のストレッチ ＋ 猫のポーズ ＋ 子どものポーズ ＋ LESSON 1 ＋ LESSON 2 ＋ LESSON 3 ＋ LESSON 4 ＋ ママのためのお休みのポーズ

レッスン前にCHECK! 1

マタニティヨガをするときに守りたい約束ごと

マタニティ期はふだんの体と違います。始める前に注意点を確認しておきましょう。

Rule 1 体調のよいときに行い、おなかが張ったりしたらすぐにやめること

体調のよいときに行うのが大前提ですが、途中でおなかが張ったり、気分が悪くなったりした場合は中断し、安静にして様子を見ましょう。症状が治まれば再開しても大丈夫ですが、改善しなければ主治医に相談をしてください。

Rule 2 空腹時、食事の直後、入浴後すぐは避けること

空腹のときや食事の直後に動いたりすると、気分が悪くなる場合があります。食後の場合、1時間半は避けましょう。また、入浴直後は体温が高く、めまいなどを起こす可能性もあるので避けましょう。

Rule 3 自分にとっての注意ポイントを事前にチェックすること

妊娠中におすすめのポーズを紹介していますが、なかには「逆子の場合はNG」など、体の状態によっては避けたり、Easyポーズをとるほうがよい場合も。各ポーズのページに注意があるので、行う前にチェックしましょう。

Rule 4 無理してポーズをとらないこと。「自分と赤ちゃんにとっての心地よさ」を大切に！

マタニティヨガはポーズの完成度を目指す必要はありません。むしろ、無理は禁物です。自分の心や体、そしておなかの赤ちゃんに意識を向けながら、「心地よさ」を基準に、やりたいと思うポーズを自分のペースで行いましょう。

Rule 5 「・・・・しなくちゃいけない」と自分にプレッシャーをかけないこと

ヨガは心と体の最高のメインテナンス法ですが、「毎日しなくちゃ」とか「全部やらなきゃ」と、プレッシャーをかけては本末転倒です。がんばりすぎず、ありのままの自分に寄り添うことで、心身のバランスが安定していきます。

注意事項 マタニティヨガは本来、インストラクターのもとで行うのが望ましいとされています。本書は家庭でひとりで行える内容をご紹介していますが、医師から安静を指示されている場合や、おなかの張りや出血、体の各部位の痛みなどのトラブルがある場合は控えてください。行う際には、必ず医師に相談してください。

レッスン前に
CHECK!
2

マタニティヨガで意識したい 骨盤と筋肉の名称を知ろう

マタニティヨガを行うときポイントとなるのが骨盤とその周辺の筋肉。まず名称を覚えましょう。

筋肉

マタニティヨガでは骨盤周辺の筋肉を中心に、おなか、お尻、太ももなどの筋肉を動かしていきます。ポーズをとるときに意識するためにも場所と名称を覚えましょう。

前側

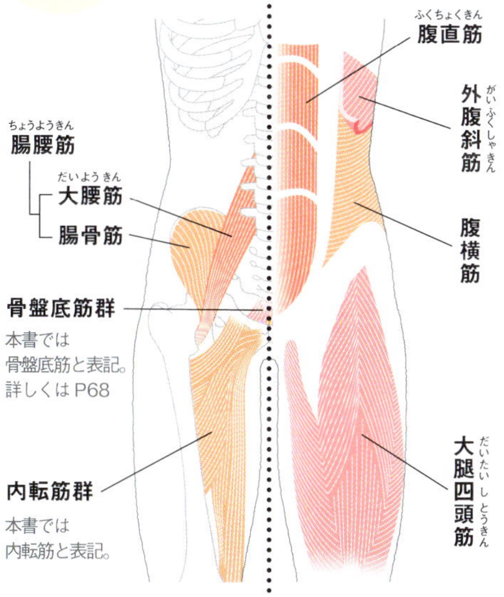

腹直筋《ふくちょくきん》
外腹斜筋《がいふくしゃきん》
腹横筋
腸腰筋《ちょうようきん》
大腰筋《だいようきん》
腸骨筋
骨盤底筋群
本書では
骨盤底筋と表記。
詳しくはP68
内転筋群
本書では
内転筋と表記。
大腿四頭筋《だいたいしとうきん》

後ろ側

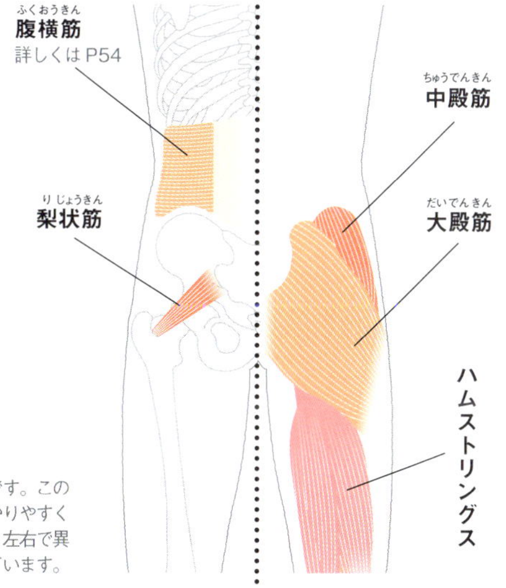

腹横筋《ふくおうきん》
詳しくはP54
中殿筋《ちゅうでんきん》
梨状筋《りじょうきん》
大殿筋《だいでんきん》
ハムストリングス

筋肉は左右対称です。この図では筋肉をわかりやすく説明するために、左右で異なる筋肉を示しています。

骨盤

ヨガでは骨盤をニュートラル（立つ状態）にしてポーズをとります。
特に、マタニティヨガでは骨盤を意識することが多くなるため、
骨盤の状態や名称を理解しておきましょう。

前から見ると

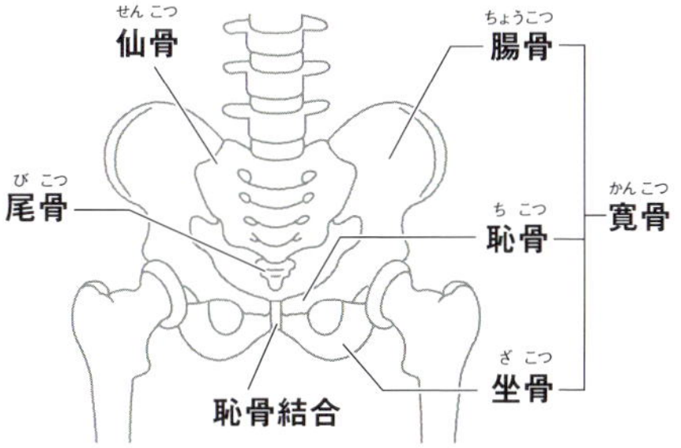

骨盤の構造
仙骨《せんこつ》
腸骨《ちょうこつ》
尾骨《びこつ》
寛骨《かんこつ》
恥骨《ちこつ》
坐骨《ざこつ》
恥骨結合

骨盤は仙骨と寛骨（腸骨+坐骨+恥骨）と尾骨からできており、上半身と下半身をつなぐ要ともいえる存在。赤ちゃんが育つ子宮もその内部にあります。出産のときは赤ちゃんの通り道になります。

横から見ると

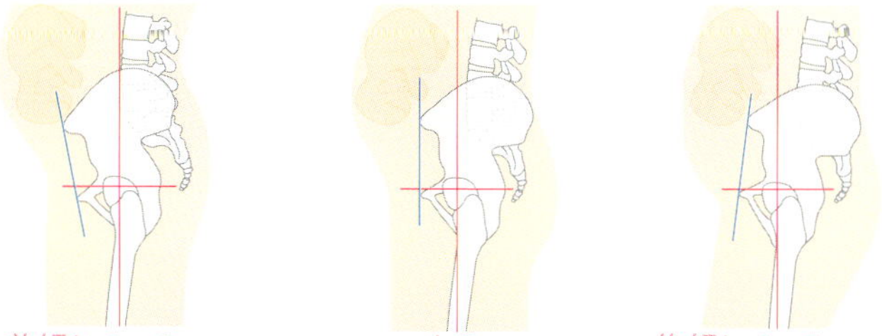

前傾している

腸骨と恥骨を結ぶ線が前に傾いた状態。妊娠中、大きくなるおなかを突き出していると、骨盤が前傾しやすくなります。反り腰になり、腰痛を引き起こしやすいので注意が必要です。

ニュートラル（骨盤が立つ）

腸骨と恥骨を結ぶ線が床と垂直になる状態。立ちポーズ、座りポーズともに、基本的にはこの状態で行うことを目指します。

後傾している

腸骨と恥骨を結ぶ線が後ろに傾いている状態。妊娠中、大きくなるおなかの重みを、背中を丸め、ひざを曲げて支えていると、骨盤が後傾しやすくなります。

BASIC ATTITUDE

基本の姿勢

ヨガの基本的な立ち方と座り方です。妊娠中は体型の変化で体の重心が乱れがちになるので、腰痛などを防ぐためにも、ヨガをするときだけでなく日常から正しい姿勢を心がけましょう。

基本の立ち方

立ちポーズの基本姿勢です。下半身と骨盤まわりの筋力がつくので、おなかの赤ちゃんをしっかり支えられ、動作がラクになります。

山のポーズ　ターダ・アーサナ

足の裏4点で立ち、おなかの赤ちゃんを引き寄せて

足は肩幅に開き、土踏まずを引き上げ、親指のつけ根、かかとの内側、小指のつけ根、かかとの外側の足の裏４点から大地に根を張るように立ちます。背すじは上に長く伸ばし、尾骨は床に下げるイメージで骨盤を立てます。すると、おなかの赤ちゃんが自分のほうへ引き寄せられ、ラクに立つことができます。

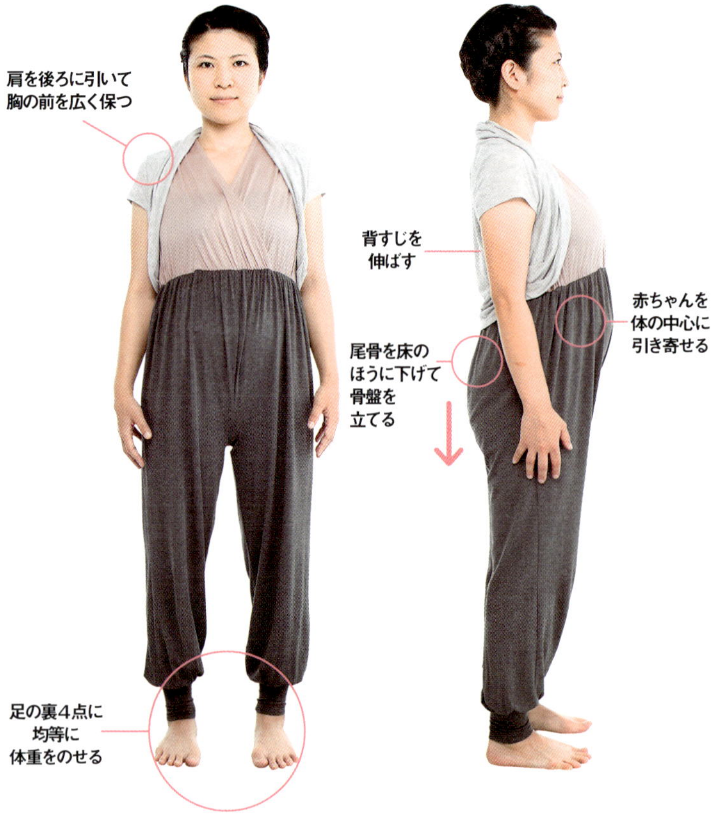

肩を後ろに引いて
胸の前を広く保つ
足の裏4点に
均等に
体重をのせる
背すじを
伸ばす
尾骨を床の
ほうに下げて
骨盤を
立てる
赤ちゃんを
体の中心に
引き寄せる

足の裏4点の意識のつくり方

土踏まずを引き上げて足の裏４点で立つと、連動して骨盤底筋も引き上がると言われています。おなかの赤ちゃんを支える要となる骨盤底筋を引き締めるためにもマスターしましょう！

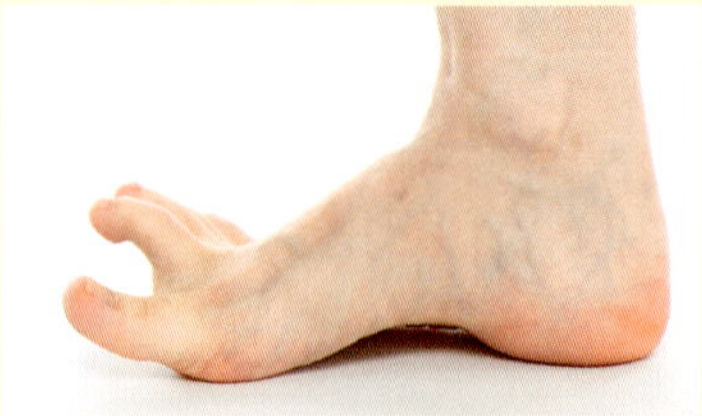

足の指を開いて、持ち上げます。

足の指を大きく開き、土踏まずのアーチを引き上げます。

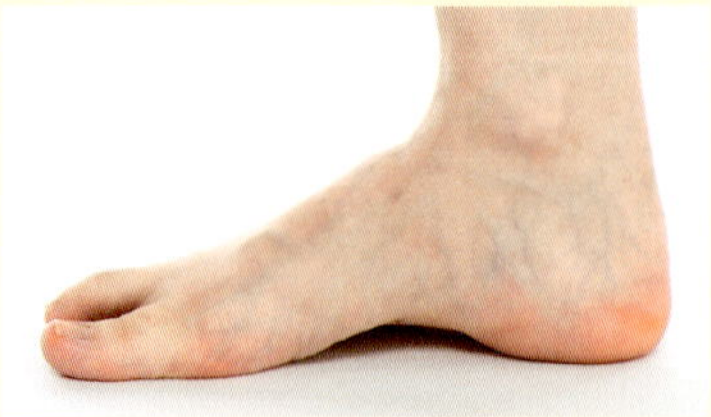

足の裏４点で床を押しながら指を下ろす

足の裏４点に均等に体重をかけ、土踏まずのアーチを保ちながら、指をそっと床に下ろします。

足の裏4点とは

❶親指のつけ根
❷かかとの内側
❸小指のつけ根
❹かかとの外側

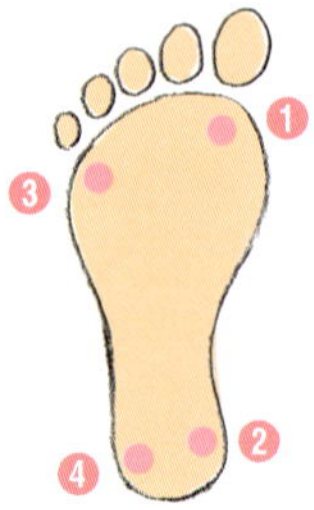

❶
❸
❹
❷

基本の座り方

座るときも骨盤を立てることが大切。座りポーズでは、吉兆座、割座のなかから骨盤の立ちやすい座り方を選びましょう。

DVD 吉兆《きっちょう》座《ざ》 スワスティカ・アーサナ

上半身を長く伸ばし おなかまわりにゆとりをキープ

かかとが体の前で前後に並ぶようにひざを曲げて座ります。左右の坐骨に均等に体重をかけ、骨盤を立てます。背すじを伸ばし、肩を少し後ろに引いて胸を開き、おなかの赤ちゃんにスペースをつくります。産道につながる内ももの筋肉や股関節を柔軟にします。

Easy
あぐらでもOK

背すじを長く伸ばす
鎖骨が中央から横に伸びていくイメージ
両肩を少し後ろに引く
骨盤を立てる
かかとを体の中央で前後に並べる

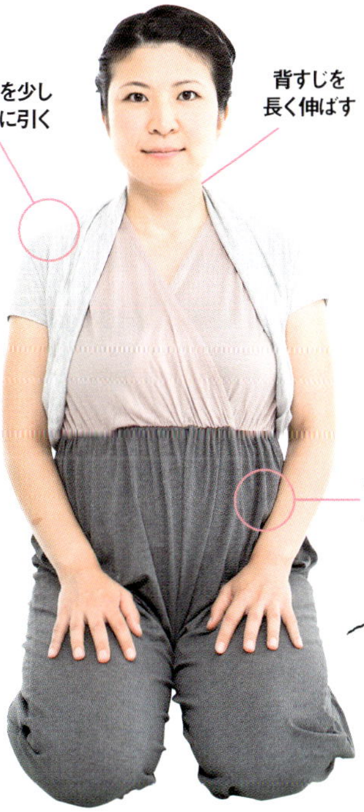
両肩を少し後ろに引く
背すじを長く伸ばす
骨盤を立てる
両すねを腰幅より少し広く開く

NG
内また（いわゆる女の子座り）にならないようにしましょう

DVD 割《わり》座《ざ》 ヴィーラ・アーサナ

足と足の間にお尻を下ろして骨盤を立てる

両すねを腰幅より少し広く開いてひざを曲げ、足と足の間にお尻を下ろします。左右の坐骨に均等に体重をかけ、骨盤を立てます。背すじを長く伸ばし、肩を少し後ろに引いて胸を開きます。前ももや足首のストレッチ効果で、脚の血行がよくなります。

後ろから見ると

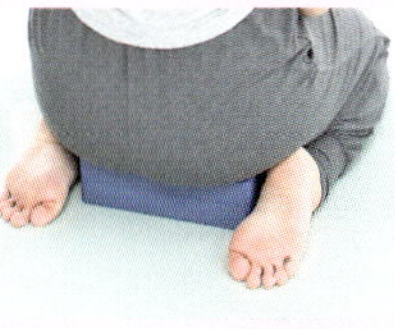

足と足の間にお尻を下ろす

足と足の間にお尻を下ろし、骨盤を立てます。骨盤が立ちやすいように、ブロックやブランケットなどの上に座ってもOK。

BASIC BREATHING TECHNIQUE

基本の呼吸法

ヨガの呼吸法は、呼吸が浅くなりがちな妊娠期はもちろん、お産のときにも役立ちます。深い呼吸でおなかの赤ちゃんにたっぷりと酸素を送ってあげましょう。

DVD 完全式呼吸法

効率よく酸素を取り込み深いリラックスができる

腹式呼吸法と胸式鎖骨式呼吸法を組み合わせ、効率的に酸素をたっぷりと取り込む呼吸法です。呼吸で使う筋肉をフルに動かすことで、上半身の緊張がほぐれ、深いリラックス感が得られます。眠れないときにもおすすめです。ここでは、腹式呼吸法、胸式鎖骨式呼吸法、完全式呼吸法と順を追って３段階で練習していきます。

1

腹式呼吸法

吉兆座などで骨盤を立てて座り、赤ちゃんのいるおなかに両手を添えます。息を鼻から吸っておなかをふくらませ、鼻から吐いておなかを元にゆっくり戻します。５呼吸行います。

吸う おなかがふくらみ、おなかの赤ちゃんが離れていくイメージ

吐く おなかの赤ちゃんを背骨のほうに引き寄せるイメージ

2

胸式鎖骨式呼吸法

両手を胸の前でクロスさせ、指先を鎖骨に添えます。鼻から息を吸い、添えた手を押し上げるように胸の上までふくらせます。鼻から息を吐き、ゆっくり胸を元に戻します。５呼吸行います。

吸う 胸に当てた手を押し上げるイメージ

吐く 胸をゆっくり元に戻す

3

完全式呼吸法

腹式と胸式鎖骨式を組み合せて、肺に効果的に酸素を取り込みます。手を胸とおなかに当て、鼻からおなか、胸、鎖骨へとたっぷり吸い入れ、息を吐いて鎖骨、胸、おなかの順で元に戻していきます。５呼吸行います。

吸う おなか、胸、鎖骨とふくらませる

吐く 鎖骨、胸、おなかの順に元に戻す

DVD 浄化の呼吸法

力みを手放せる
マタニティヨガ独自の呼吸法

通常のヨガの呼吸法は鼻から吸って鼻から吐きますが、浄化の呼吸法では口から吐きます。口から音を出して吐くことでのど元がゆるみ、同時に骨盤底筋もゆるみやすくなります。また、口から音を出して吐くと、深く吐ききることができるというメリットもあります。主にポーズとポーズの間に、力みを手放したいときに行います。

吸う 鼻から吸う

吐く 口からため息をつくようにハーっと音を出して吐く

ヨガのポーズをとるときの呼吸は？

基本は鼻で吸って鼻から吐きます。ポーズ中は息を止めず、自分のペースで呼吸を続けることが何より大切です。動きと呼吸を連動させることで、心身のバランスが整います。

POINT 1 息を止めないこと

POINT 2 吐くときも吸うときも基本は鼻から

POINT 3 ゆっくりと自分のペースで呼吸を続ける

WARM-UP
ウォーミングアップ

ヨガを行うときは、ウォーミングアップから始めましょう。筋肉をゆるやかにほぐし、体を温めることで、柔軟性が高まり、呼吸がしやすくなります。

DVD 側屈

胸を開いて呼吸を深め上半身の血行を促進

腕を伸ばして上半身を横に倒すことで、肩まわりやわき腹の筋肉をほぐし、血行を促進。胸を開いてろっ骨の間にも呼吸を送り込みます。腕を心臓より高く上げることで、手のむくみや腕のだるさの解消にも役立ちます。

吸う↔吐く
5呼吸

ろっ骨の間にも
呼吸を送る
イメージで
坐骨が床から
浮かないように

1 骨盤を立てて座る

吉兆座、割座など、骨盤が立ちやすい座法で座ります。手はひざの上に置きます。

2 カップハンズにした右手を体から10cm遠くにつく

両手をカップハンズにして、腰の横の床に置き、指先で床を押して背すじを長く伸ばし、両肩を少し後ろに引きます。次に右手を体から10cmほどのところに移します。

3 左腕を上げ、上体を右に倒して左わき腹を伸ばす

息を吸いながら左腕を天井のほうに伸ばします。息を吐きながら上体を右に倒します。左の肩を少し後ろに引き、胸を開き続けて5呼吸キープ。息を吸いながら上体を戻し、息を吐いて腕を下ろします。

反対側も同様に

カップハンズとは

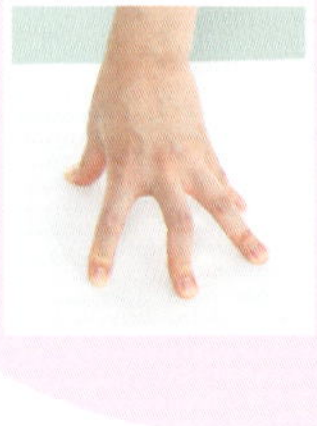

指先を立てておわんのように置くこと

DVD 首のストレッチ

首すじを気持ちよく伸ばして
首や肩のこりの改善にも

妊娠中は、大きくなるおなかを支えるために、無意識に首や肩に力が入って血行が悪くなりがちです。首すじをゆっくりと伸ばして首や肩のこりをほぐしましょう。こわばりをとることで、ほかのポーズもとりやすくなります。

背すじを
長く伸ばす
手は
カップ
ハンズ
骨盤を
立てる

肩が
上がらないように

1
骨盤を立てて座る

吉兆座、割座など、骨盤が立ちやすい座法で座ります。左手はカップハンズにして床に置き、右の手のひらを左の側頭部に添えます。

2
首の側面を伸ばす

息を吸って背すじを伸ばし、息を吐きながら頭を右に傾けます。3呼吸キープ。

目線は
斜め下

目線は
斜め上

3
首の斜め後ろ側を伸ばす

息を吐いて目線をやや下、床のほうに移します。3呼吸キープします。

4
首の斜め前側を伸ばす

息を吸って目線を斜め上に向け、3呼吸キープ。目線を正面に戻し、息を吸って頭と戻し、吐いて腕を下ろします。

反対側も同様に

DVD

猫のポーズ

キャット&カウ

背骨をやわらかく動かして血行をよくする

背中を丸める動きと反らす動きを交互に行います。背中の柔軟性が高まるとともに胸のまわりのろっ間筋もほぐれて、深い呼吸がしやすくなります。背中を丸める姿勢は、出産時に「いきむ」ときの姿勢の練習にもなります。

前から見ると

NG

ひじの内側を向かい合わせる

両手の親指どうしを中心に引き寄せるようにして、ひじの内側を向かい合わせにすると、腕全体に力が入ります。

ひじを突っ張る

ひじを突っ張ると、筋肉を使わず関節で支えることに。妊娠期はじん帯がゆるむので手首やひじの関節に負担がかかってしまいます。

腰の真下に
ひざがくる
肩の真下に
手首がくる
ひざは
腰幅
手は
肩幅

1 よつんばいになる

肩の下に手首がくるように手を置き、手の間隔は肩幅に。指先は前に向け、指は大きく開きます。ひざは腰の真下に置き、腰幅に開いてつま先を立てます。

骨盤を
後傾させる
目線は
おなか
吐く
4回繰り返す
吸う

2 吐いて背中を丸める

息を吐きながら骨盤を後ろに傾け、尾骨を床に向けるようにします。背中を丸めておなかの赤ちゃんをのぞき込むように。

骨盤を
前傾させる
目線は
斜め上
胸を前に
出す

3 吸って背骨を反らせる

息を吸いながらよつんばいに戻り、さらに骨盤を前に傾け、内ももを後ろに引いて坐骨を天井側に向け、胸を前に出し、目線を斜め上に向けます。2、3を呼吸に合わせて4回繰り返します。

BREAKING POSE

お休みのポーズ

ヨガでは休むことも大切にします。お休みのポーズをクールダウンとして、ポーズの合間やポーズ後に行うことで、神経の高ぶりを抑え、筋肉の緊張を鎮静化させます。

DVD 子どものポーズ

チャイルドポーズ

効率よく体力を回復してパワーチャージ！

短時間で体をリラックスさせるのに有効なポーズです。お産のときには、陣痛と陣痛の合間にいかに体を休められるかがポイントになります。意識的に力を抜いて休むポーズをマスターしておくと役立ちます。

よつんばいから両ひざをやや広めに開いて、足の親指どうしをつけます。足の甲を床につけてお尻をかかとの上に下ろします。両手を重ねて枕にし、その上にひたいをのせて5呼吸キープします。ひたいの下にブロックなどを置いてもよいでしょう。

ボルスターに
脚をのせる
枕は高めに
左を下にして横たわる

DVD ママのための お休みのポーズ

マザー・シャヴァ・アーサナ

横向き寝でリラックスして全身の疲れを解消

ラクな姿勢で休み、全身の疲れを解消するポーズです。妊娠中は血液の量がぐんと増えるので、心肺機能にも負担がかかります。枕などで高さを調整して、全身がリラックスできる体勢で休むと、負担がやわらぎます。目的別10分プログラムのあとに5～10分このポーズで休むのもおすすめです。

枕を高めに入れて、左側を下にして横になります。右ひざを軽く曲げてボルスターの上にのせます。体の力が抜けてリラックスできるように、道具を微調整しましょう。

左側を下にして横たわる理由は

妊娠時にあお向けで長時間横たわると、子宮が下大静脈《かだいじょうみゃく》を圧迫するため、心臓へ戻る血流を妨げることに。すると、血行が悪くなって息が苦しくなったり、気分が悪くなったりすることも。これは妊婦さんにとってもおなかの赤ちゃんにとってもよい状態ではありません。下大静脈は背骨の少し右側に位置しているので、左を下にして横たわると、静脈を圧迫することがありません。

レッスン前に
CHECK!
3

無理なく心地よくポーズをとるために
妊娠期のヨガ補助具の使い方

今回、各プログラムで使うヨガ補助具をご紹介します。上手に取り入れましょう。

ヨガではポーズをとる際の手助けとして補助具を使います。特に、おなかが大きくなる妊娠期は上手に取り入れると、無理なくポーズがとれ、ヨガの心地よさを味わうことができます。また、ボルスターなどリラックス感を深めるためにおすすめのものもあります。

ボルスター

背中全体をサポートできる、大きめの長枕。体の重みで沈み込まない素材でできています。リラックスのポーズや腰が痛いときのサポートに。産後の授乳クッションとしても役立ちます。

おうちのもので代用するのなら

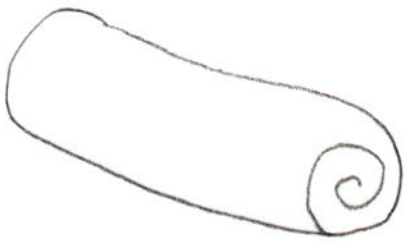

シングルのふとんを丸めて筒状にして使うとよいでしょう。

ボルスター<長さ約62cm×幅27cm×高さ16cm> 10,584円/Ⓑ

ブロック

ポーズのサポートとして、手を置いたり、お尻や腰の下に敷いたりします。安定感と適度な弾力があるものが使いやすいでしょう。

ヨガブロックcosmo<横23cm×縦15cm×厚さ7.6cm>1,998円/Ⓐ

おうちのもので代用するのなら

厚めの事典類など、硬くて適度な厚みのあるものを使います。

ヨガベルト

ポーズのなかで両脚が離れないように固定するときや、両手を背面でつなぐときなどに使用します。

ヨガベルトrain<長さ240cm×幅4cm>1,890円/Ⓐ

おうちのもので代用するのなら

必要な長さがあるもので伸びない素材のひも状のものを使いましょう。スポーツタオルなどでもよいでしょう。

ブランケット

骨盤を立てて座るために折りたたんでお尻の下に敷いて使います。また、よつんばいのときにひざの下に敷くと、床の硬さが気になりません。

おうちのもので代用するのなら

ブランケット、大きめのタオルをたたんで代用します。また、座るときに敷く場合は、クッションや座布団などでもよいでしょう。骨盤が倒れやすい人は、厚めのものを使用しましょう。

Ⓐヨギー・サンクチュアリ（ロハスインターナショナル）　Ⓑヨガワークス〈お問い合わせ先はP10参照〉

LESSON 1

短時間で心も体もイキイキ！
お産に自信がもてる！

ママのための太陽礼拝

複数のポーズを連続して行う伝統的なプログラム「太陽礼拝」をママ用にアレンジしました。短時間で効率的に、妊娠・出産に必要な筋力やスタミナをつけられます。続けるほどに、体にエネルギーがみなぎり、お産に自信がわいてきます！

全身を効率よく動かし お産へのスタミナをつける

一連のポーズを、呼吸に合わせてテンポよく行うことで、全身の血行を促進。心肺機能を高め、お産へのスタミナをつけるのに役立ちます。また、全身の筋肉と関節を効率よく動かすので、短時間で体を温めることができ、妊娠期の滞りがちな体のめぐりにスイッチが入り、心と体に活力が生まれます。ほかのレッスンを行う前のウォーミングアップとしても最適で、いつ行ってもOK。大きな動きのポーズもスムーズに行いやすくなり、相乗効果が得られます。

point

こうすると しっかり効果が出る

自分の呼吸に合わせて 無理なく続けることが大切

最初はポーズの完成度にこだわらず、自分の呼吸に合わせて、無理のない範囲で自分のペースで行いましょう。続けることでじょじょに体力がつき、体を動かしたあとの「達成感」を積み重ねていくことで、お産に自信が持てるようになります。

産んだあとは

育児に必要な 体力づくりに

骨盤底を広げる「花輪のポーズ」の代わりに、下半身の引き締め効果がある3ポーズを取り入れた産後バージョンを行いましょう。赤ちゃんの世話の合間に、短時間で効率よく、育児に必要な体力を養えます。

1 山のポーズ～手の上げ下げ
板のポーズ
ひざをついた四肢で支える杖のポーズ
コブラのポーズ
3 下向きの犬のポーズ
4 半分の前屈～前屈のポーズ

1 正しい姿勢で
呼吸を深め心身の
バランスを整える

山のポーズ～
手の
上げ下げ

ターダ・アーサナ

2 骨盤底を広げ
骨盤周辺の
血行促進

花輪のポーズ

マラ・アーサナ

3 妊娠期にこわばりがちな
体の背面をほぐす

下向きの犬のポーズ

アドー・ムカ・シュヴァーナ・アーサナ

花輪の
ポーズ

マラ・アーサナ

4 妊娠期のアンバランスな
心身の状態を整える

半分の前屈～
前屈のポーズ

アルダ・ウッターナ・アーサナ
～ウッターナ・アーサナ

DVD LESSON 1

1 正しい姿勢で呼吸を深め、心身のバランスを整える

山のポーズ（ターダ・アーサナ）～手の上げ下げ

重心を正して心身を安定させ、深い呼吸でエネルギーをチャージ

基本の立ち姿勢「山のポーズ」からスタート。おなかの重みで乱れがちな重心を修正し、正しい姿勢を体にしっかりインプットしましょう。足の裏4点で重心をとらえて立てるようになると、妊娠期のゆらぎがちな心も安定していきます。呼吸に合わせて動くことで、全身の活力をアップさせていきます。

こんな効果もあります

- 腰痛予防
- 心が安定する
- 呼吸が深まる
- 肩周辺の血行促進

特におすすめ時期

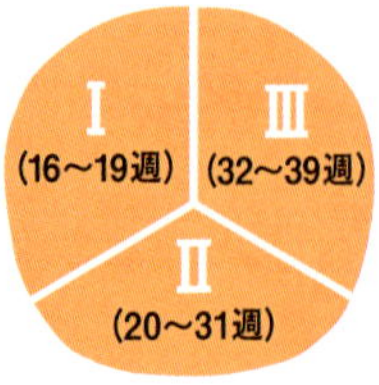

Ⅰ
(16～19週)
Ⅲ
(32～39週)
Ⅱ
(20～31週)

（すべての時期おすすめ）

Let's start!
山のポーズ

1 山のポーズで立つ

両足を平行にして立ち、足の幅は腰幅に。おなかの大きな人は安定する幅でＯＫ。足の裏４点に均等に体重をかけ、脚のつけ根をやや後ろに引いて、それを保ちながら尾骨を下げ、骨盤を立てます(P20)。

2 胸の前で手のひらを合わせる

背すじを伸ばし、両肩を少し後ろに引いて胸の前を広くします。胸の前で合掌《がっしょう》します。

今はココ！

のび〜
手の上げ下げ
赤ちゃんを自分のほうに引き寄せる
尾骨を床のほうに向ける
脚のつけ根を少し後ろに引く
足の裏４点に均等に力をかける
吐く
吸う
吐く

ココに効いてます

上半身をほぐして丸まった背中を伸ばす

腕を上げ下げすることで、上半身のリンパを刺激。肩や背中のこわばりがほぐれ、のびやかな上半身に。胸が開くようになり、呼吸が深まるので、おなかの赤ちゃんにも新鮮な酸素をたっぷりと送り込めます。

すそ野の広い雄大な山になった気持ちで

BABY

足元はどっしりと安定していて、胸元は広く開いてのびやかに。

3

足の裏で踏みしめながら手を上げ下げ

ひと息吐き出し、吸いながら両腕を横から天井のほうへと回し上げ、合掌。そのあと、吐く息で両手を胸の前に戻します。このとき、骨盤がしっかり立った状態であれば、おなかの赤ちゃんが自然に自分のほうへ引き寄せられて、安定します。

2 花輪のポーズへ

DVD

LESSON 1

2

骨盤底を広げ、骨盤周辺の血行促進！

花輪のポーズ（マラ・アーサナ）

骨盤底筋＆股関節の柔軟性を高め スムーズなお産に効果を発揮！

足を開いてしゃがみこむこのポーズは、骨盤底を広げ、骨盤周辺の血行を促進し、出産時に必要となる股関節の柔軟性を高めます。出産に向けての準備として行いたいポーズです。

NG 妊娠34週以降で逆子の場合、恥骨痛がある場合

こんな効果もあります

- 骨盤周辺の血行促進
- 脚力の強化
- 股関節の柔軟性アップ

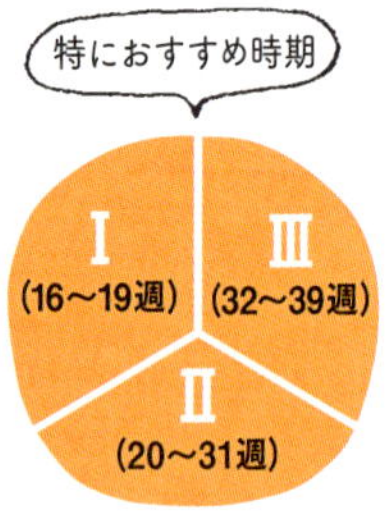
特におすすめ時期
Ⅰ
（16～19週）
Ⅲ
（32～39週）
Ⅱ
（20～31週）

吸う

1

やや広めに足を開き つま先を外側に向ける

足幅を肩幅よりやや広めに開き、つま先を外側に向けます。息を吸って背すじを長く伸ばします。

産後は

この3ポーズにチェンジ

妊娠・出産でゆるんだ骨盤を引き締めていくポーズを行いましょう

板のポーズ

腕を床に対して直角につき、後頭部からかかとまで一直線（板状）になるようにキープ。

ひざをついた四肢で支える杖のポーズ

ひざを床に下ろし、わきを締めてひじを曲げ、上半身が床と平行になるところでキープ。

コブラのポーズ

うつぶせから、息を吸いながら胸を床から持ち上げます。肩甲骨を背中で寄せて胸の前を開きます。

今はココ！

Easy

ブロックに座ってもOK

臨月に入ったら

背中を丸くして

通常は背すじを長く保ちますが、背中を丸くするとまさにお産の姿勢。臨月に入ったら、背中を丸くして出産の練習に。

ココに効いてます

出産に必要な骨盤まわりの柔軟性と筋力をアップ

しゃがんだ状態で、ひじとひざを押し合うことで、股関節の柔軟性が高まります。その結果、赤ちゃんとママの両方にとってお産がラクになります。

背すじを
長く伸ばす
ひじとひざで
押し合う

吐く

吸う↔吐く
3〜5呼吸

2 腰を落とし、ひじとひざで押し合う

息を吐きながら、太ももの筋肉をしっかり使って、床近くまでゆっくり腰を落としていきます。ひじをひざの内側に添え、互いに押し合います。息を吸ったときに背すじが長く伸びるのを意識して。3〜5呼吸繰り返します。

3 下向きの犬のポーズへ

DVD
LESSON 1
3

妊娠期にこわばりがちな体の背面をほぐす

下向きの犬のポーズ（アドー・ムカ・シュヴァーナ・アーサナ）

背面全体をストレッチして腰痛、肩こり、脚の疲れを一掃

よつんばいの姿勢からお尻を高く上げるポーズで、背中、腰、脚の裏側など、こり固まりがちな体の背面側全体を効率よくストレッチ。同時に、肩関節と股関節にも働きかけるので、リンパの流れもスムーズになります。のど元をゆるめ、坐骨は斜め後ろに引き上げて、おなかの赤ちゃんのスペースを保ちましょう。

こんな効果もあります

- 脚のつり予防
- 腰痛・肩こり改善
- もも裏のストレッチ
- 全身の血行促進
- 腕力アップ

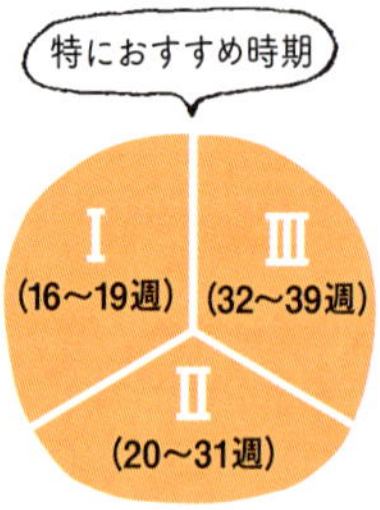
特におすすめ時期
Ⅰ
(16～19週)
Ⅲ
(32～39週)
Ⅱ
(20～31週)

1

よつんばいになる

肩の下に手首がくるように手をつきます。指先は前に向け、指は大きく開きます。ひざは腰の真下について腰幅に。つま先を立てます。

今はココ！

ココに効いてます

体の背面の筋肉をすみずみまで刺激

背中全体にある広背筋、お尻の殿筋群、もも裏やふくらはぎの筋肉など、体の背面の筋肉をストレッチ。肩こり、腰痛、脚の疲れなど、妊娠中に起こりがちな背中側の不調を一掃してくれます。

Easy 子犬のポーズ

斜め後ろに引く
背すじを長く保つ

よつんばいからひざを開き、お尻を後ろに引きます。手はカップハンズに。坐骨を斜め後ろに引き、背すじを伸ばし続けます。ひたいの下にブロックを入れてもOK。

坐骨を斜め後ろに引く
背すじを長く伸ばす
吸う
吐く
吸う↔吐く
5呼吸
赤ちゃんはこんな感じ
かかとを床のほうへ押す
グ～

2

ひざを持ち上げ、坐骨を高く

ひと息吸い入れて、息を吐きながらひざを持ち上げます。坐骨を斜め後ろに引いて、背骨を長く伸ばす意識を持ちます。息を吸うときに坐骨をさらに高く後ろに引いて、おなかの赤ちゃんに十分なスペースをつくります。余裕があればかかとを床のほうに押します。5呼吸キープします。

花輪のポーズ
(P35)
吸う
吐く

よつんばいに戻り、片足ずつ手の近くに踏み込み、つま先を開いて花輪のポーズに。

4 半分の前屈～前屈のポーズへ

DVD LESSON 1

4 妊娠期のアンバランスな心身の状態を整える

半分の前屈〜前屈のポーズ
(アルダ・ウッターナ・アーサナ〜ウッターナ・アーサナ)

前屈のポーズで呼吸を深め落ち着きと活力のバランスをとる

妊娠中は体の変化はもちろん、ホルモンの影響で心もゆらぎがち。頭を下げることで心の落ち着きと活力のバランスを整えましょう。半分の前屈では、胸を開いた状態で腰をのびやかに伸ばすことで、背筋を刺激します。深い前屈では、おなかの赤ちゃんを身近に感じながら、もも裏やお尻の筋肉もストレッチ。

こんな効果もあります

- 腰痛の予防・改善
- お尻のストレッチ
- もも裏のストレッチ
- 背筋の強化
- 呼吸を深める

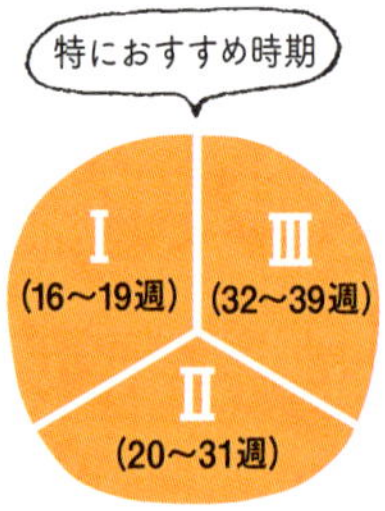

特におすすめ時期
I
(16〜19週)
III
(32〜39週)
II
(20〜31週)

半分の前屈のポーズ

吸う　吐く

上半身はのびやか
下半身はどっしり
手はカップハンズ
つま先は前に向ける

吸う

Easy

ボルスターの上に手を置いてもOK

1 前屈から胸を前に伸ばす

足を腰幅に開き、つま先を前に向けて立ちます。息を吸って吐きながら骨盤から上半身を前に倒し、カップハンズにして両手を床に置きます。ひざを伸ばし、吸う息で胸を前のほうに伸ばします。

今はココ！

ココに効いてます

ハムストリングスと大殿筋にアプローチ

おなかが大きくなってくると、反り腰や猫背など姿勢がくずれがち。呼吸に合わせて前屈することで、もも裏のハムストリングスやお尻の大殿筋をストレッチ。上半身にしなやかさが戻ってきます。

Easy

ボルスターの上に
手を置いてもOK

前屈のポーズ
吐く
つま先は
前に向ける
手は
カップハンズ
1のポーズへ戻り
テンポよく
2〜4回繰り返す

2

息を吐きながら深く前屈する

吐く息でもう一度、深く前屈をします。赤ちゃんを身近に感じながら、太ももの裏側からお尻の筋肉を気持ちよく伸ばします。

column

快適に楽しくヨガをするために

動きやすくておしゃれなマタニティヨガウエア

マタニティヨガライフを楽しむために、着ていてラクチンでおしゃれなウエアをご紹介。ヨガのときだけでなくリラックスウエアとしても大活躍間違いなしです。

PONCHO

2通りのデザインが楽しめるおしゃれなポンチョ

どちらを前にしても着られるデザインが魅力の万能ポンチョ。開きがある側を前にして着れば（写真左）、授乳時にも活躍します。ゆったりとしたシルエットなので、マタニティ期も産後も体型をほどよくカバーしながらおしゃれに着こなせます。フリーサイズ　3色展開　ポンチョ 各9,990円／Ⓐ

CAMISOLE

産前・産後に活躍する授乳口付きキャミソール

前下がりのAラインが大きくなるおなかをさりげなくカバー。また、前のドレープとバストバンドの間からラクに授乳ができるのもうれしい。体温を調節してくれる機能素材「アウトラスト」を使用し、胸元には取りはずし可能なパッド入り。フリーサイズ　3色展開　キャミソール　各9,180円／Ⓐ

LEGGINGS

おなかをやさしくカバーするリブ素材のレギンス

伸縮性があり、妊娠中のおなかをやさしく包み込む、厚手のリブ素材でできたレギンス。産後はリブを折り返せば、ヒップやおなかまわりをカバーできます。すそのフリルがさりげないアクセント。腰部分にのみゴムを入れています。フリーサイズ　3色展開　レギンス　各11,880円／Ⓐ

PANTS

人気の「バブルパンツ」のマタニティライン

動きやすくてシルエットがかわいいバブルパンツは、ウエストに伸縮性のあるリブ素材を使用。産前はおなかをホールドしながらやさしく包み込み、産後はリブ部分を折り返して着用。素材は体温調節機能のある新素材「アウトラスト」を使用。フリーサイズ　3色展開　パンツ　各11,880円／Ⓐ

Ⓐヨギー・サンクチュアリ（ロハスインターナショナル）〈お問い合わせ先はP10参照〉

LESSON 2

安心して出産にのぞめるよう、
下半身の筋力をつけよう

安産力をつけるヨガ

立って行うポーズを中心に、出産に必要な
下半身の筋力を強化するプログラムです。
脚や骨盤まわりの筋肉をしっかり使いながら
上半身をのびやかに動かし、しなやかで強い体をつくることで、
安心して出産にのぞめるでしょう。

下半身の筋力を強化して出産時のパワーを蓄える

立って行うポーズを組み合わせたプログラムで下半身を使い、赤ちゃんを産み出す「安産力」を高めます。足腰を鍛え、骨盤周辺の筋肉を整えていくことで、産道につながる内ももの弾力性や、出産の姿勢をラクにする股関節の柔軟性、さらには、出産という大仕事に必要な持久力などが手に入ります。ポイントは、下半身の力強さと、上半身ののびやかさのバランスを意識すること。体を動かしやすい20週以降、出産に向けて始めるとよいでしょう。

1 安産力の助けとなる骨盤周辺の筋力を活性化！

ローランジのポーズ

2 全身のめぐりをアップさせ冷えを解消！

三日月のポーズ

アンジャネヤ・アーサナ

point

こうすると しっかり効果が出る

下半身の筋肉を しっかり使ってのびやかに

妊娠すると、ホルモンの働きによって関節のじん帯がゆるみ始めます。体が出産に向けて準備を始めているのですが、筋力がないと関節に負担がかかり、恥骨痛や腰痛などの原因に。ポーズをとるときは、下半身の筋肉をしっかり使って行いましょう。

体の引き締め&育児に 必要な体力づくりに

産後は赤ちゃんの抱っこやおんぶなど、ますます足腰の筋力が必要になります。お産でゆるんだ骨盤まわりの筋肉を引き締め、妊娠中に落ちてしまった脚力を取り戻しましょう。下半身のシェイプアップにも効果的です。

3 持久力が高まり お産への自信がつく!

戦士のポーズⅡ

ヴィーラバッドゥラ・アーサナⅡ

4 赤ちゃんを支える 足腰の筋力をつくる

三角のポーズ

ウティタ・トゥリ・コーナ・アーサナ

5 脚力をつけながら 股関節の柔軟性をアップ

立位の開脚前屈のポーズ

プラサーリタ・パードゥッターナ・アーサナ

DVD
LESSON 2
1

安産力の助けとなる骨盤周辺の筋力を活性化！

ローランジのポーズ

骨盤から太ももの筋肉をストレッチしながら強化

足を大きく踏み出して下半身を安定させ、骨盤周辺の筋力を活性化し、脚力を鍛えます。後ろになる脚を伸ばすことで背骨と太ももの骨をつなぐ大腰筋をストレッチ。同時に、前になる脚のすねと腕を押し合うことで骨盤を支える内ももの筋肉・内転筋を強化。骨盤のゆがみを整えるのにも効果的です。

こんな効果もあります

- **そけい部のストレッチ**
- **股関節の柔軟性アップ**
- **骨盤のゆがみ改善**
- **脚のむくみ改善**
- **内転筋の強化**

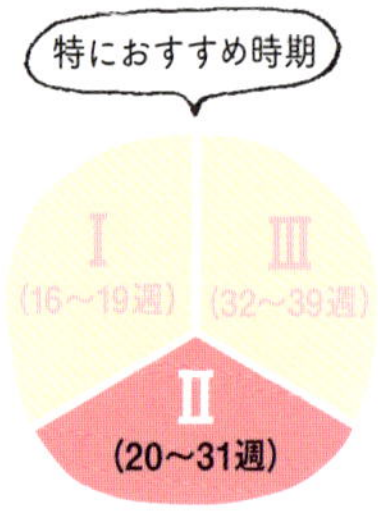

特におすすめ時期
Ⅰ
(16～19週)
Ⅲ
(32～39週)
Ⅱ
(20～31週)

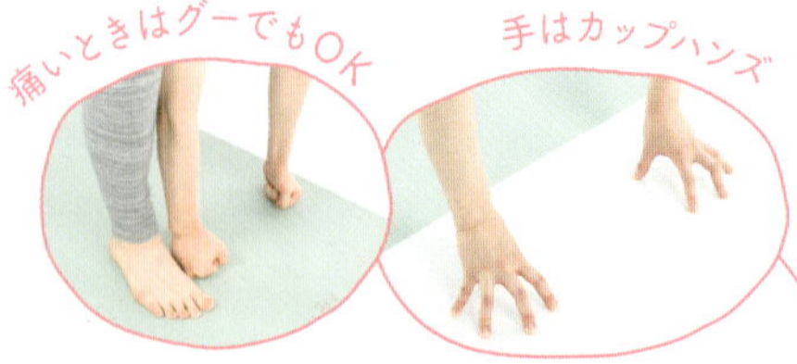

痛いときはグーでもOK
手はカップハンズ

Let's start!

吸う
吐く

1

よつんばいになる

肩の真下に手首がくるように両手を肩幅につきます。指先は前に向け、指は大きく開きます。ひざは腰の真下について腰幅に開き、つま先を立てます。

2

右足を前に踏み込む

右手を10㎝ほど左手側に移動させ、息を吸って吐きながら、右手があった位置に右足を踏み込みます。両手は指先を立ててカップハンズにします。右脚のすねと右腕で押し合います。

今はココ！

NG
腰が落ちないように

産後には

手の位置を変えて

両手の位置はよつんばいのままで、その内側に踏み込みます。

足で後ろの見えない壁を押すイメージで

KICK!

足で見えない後ろの壁を押し、その力で斜め前方に伸びていくイメージで。

ココに効いてます

上半身と下半身をつなぐ筋肉にアプローチ

背骨と太ももの骨をつなぐ大腰筋、骨盤（座骨や恥骨）と太ももの筋肉をつなぐ内転筋が強化されます。内転筋に力を入れると、妊娠期に大切な骨盤底筋にも力が入りやすくなるというメリットも。

吸う↔吐く
5呼吸
両脚は体の中心に寄せる
すねと腕で押し合う

3

左ひざを持ち上げ、脚の力で体を支える

左ひざを持ち上げ、息を吸いながら両脚を体の中心に寄せて脚に力を入れます。息を吐きながら胸の真ん中を少し前に向け、左の足の裏で、見えない後ろの壁を押すように左脚を伸ばします。骨盤を平行に保つよう、右もものつけ根を少し後ろに引きます。5呼吸キープ。

DVD

LESSON 2

2

全身のめぐりをアップさせ、冷えを解消！

三日月のポーズ（アンジャネヤ・アーサナ）

筋肉の活性化と呼吸の ダブルの力でぽかぽかの体に

おなかまわりに冷えがあると、おなかの赤ちゃんへの血流が滞ってしまいます。赤ちゃんの健全な生育のためにも、血流をよくして積極的に冷えを解消していきましょう。このポーズは、腕を上げて胸を開き、同時に脚のつけ根をストレッチしてそけい部を刺激。呼吸を深め、全身のめぐりを促進していきます。

こんな効果もあります

- 呼吸が深まる
- 骨盤のゆがみ改善
- 腰痛改善
- 体の前側のストレッチ
- 活力を高める

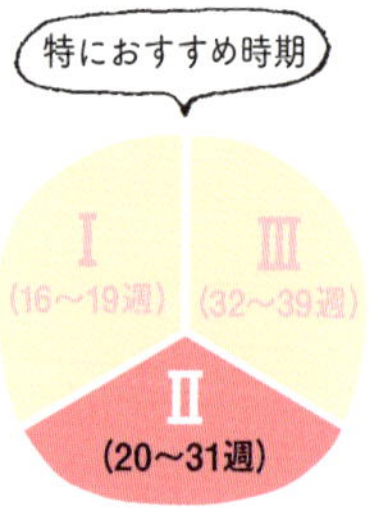
特におすすめ時期
I
(16〜19週)
III
(32〜39週)
II
(20〜31週)

吸う
吐く

1 よつんばいから一歩 踏み込んで上体を起こす

よつんばいから右手を内側に置いて、右足を右手の外側に踏み込み、両手を右太ももに添えて上体を起こします。両すねを中心に寄せるよう意識します。

2 右ひざに踏み込む

息を吸って胸を引き上げ、息を吐いて前のひざに踏み込みます。キツいと感じたら、少し後ろに戻りましょう。両すねを中心に寄せ続けるよう意識し、胸を引き上げ、頭頂は天井のほうに向けます。

今はココ！

スーッ
頭頂は天井へ
伸びるように
胸を
引き上げる
赤ちゃんがいる
おへその下あたり
を正面に向ける
尾骨を
床のほうに
下げる
両脚を中心に
寄せる

吸う

吸う↔吐く
5呼吸

ココに効いてます

腸骨筋、大腰筋を刺激して骨盤を整える

脚のつけ根を伸ばしながら、背骨を長く伸ばすことで、骨盤と太ももの骨をつなぐ腸骨筋、背骨と太ももの骨をつなぐ大腰筋を刺激し、骨盤のゆがみを改善。縮こまりがちな体の前側をストレッチする効果もあります。

NG

腰を反りすぎないように

産後には

両腕を上げて

両腕を天井のほうに伸ばし、余裕があれば上体を反らして。

3

踏み込んだ状態で腕を前から天井へと伸ばす

息を吸って左腕を前から天井へと伸ばします。おなかの赤ちゃんを自分の中心に引き寄せるように意識して、腰を反りすぎないようにしましょう。頭頂は天井へと伸ばすイメージで、首の後ろ側も長く保ち、5呼吸キープ。

つなぎ
よつんばいで浄化の呼吸法

よつんばいに戻って、浄化の呼吸法（P23）を１回行います。

1と2のポーズの反対側を行う

つなぎ
ももに添えて起き上がる

吐く息で前屈後、ひざを曲げ、両手をももに添えて起き上がります。

3 戦士のポーズⅡへ

DVD
LESSON2
3

持久力が高まり、お産への自信がつく！

戦士のポーズⅡ（ヴィーラバッドゥラ・アーサナⅡ）

下半身の強化と上半身の優美な姿で気力がみなぎる

足の裏4点で大地をしっかり踏みしめ、下半身に力をみなぎらせながら、上半身は堂々と優美なイメージを持って両腕を伸ばします。どっしりとした安定感とのびやかさが両立するこのポーズは、下半身を強化し、持久力を増進。同時に内面的に自信が育まれます。お産への勇気がわいてくるでしょう。

こんな効果もあります

- 姿勢を整える
- 足腰の強化
- 太ももの引き締め
- ヒップアップ
- 集中力アップ

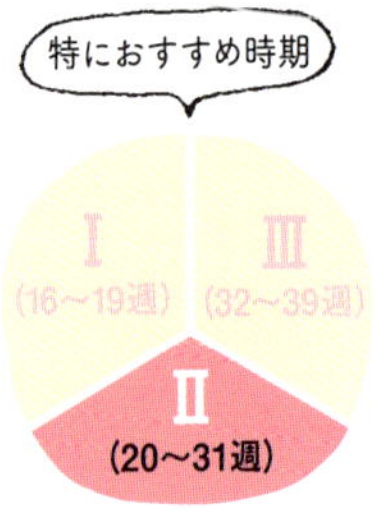

特におすすめ時期
Ⅰ
（16～19週）
Ⅲ
（32～39週）
Ⅱ
（20～31週）

吸う　吐く

1
足の裏4点でしっかり踏んで立つ

山のポーズで立ちます（P20）。両方の足の裏４点でしっかり大地を踏み、その力で胸を引き上げます。

2
腕を左右に伸ばし、足を大きく開く

息を吸って両腕を左右に伸ばし、その手首の下に足首がくるくらいまで、息を吐いて足を広く開きます。

イメージは母の強さとゆとり。
下半身は力強く、上半身は堂々と

ママ かっこいい!
BABY

足の裏4点で支えてしっかり立ち、胸を開いて堂々と腕を伸ばします。

今はココ!

NG

上半身が前のめりにならないように

ひざがつま先より内側に入らないように

頭頂は天井へ伸びるように
スーッ
スーッ
吸う
吐く
吸う↔吐く
5呼吸
尾骨を床のほうに下げる

前の足の人さし指のつけ根とかかとを結ぶ延長線上に、後ろの足の土踏まずがくるように。

ココに効いてます

おなかをしっかり支える太ももの力を強化

足の裏4点で大地を踏みしめ、太ももを引き締めることで、お尻、太もも、ふくらはぎなど下半身全体の筋力アップが期待できます。目線を前の手の中指の先に定めて行うので、集中力も高まります。

3

足の裏で押しながら前の足に踏み込む

両手を腰に添え、左のつま先を外側に向けます。足の裏4点で大地を押し、息を吸って背すじを長く伸ばし、息を吐いて左のひざへと踏み込みます。息を吸いながら両腕を左右に伸ばし、顔を左に向け、目線を左手の指先に向け、ここで5呼吸します。このとき尾骨を床のほうに下げるのを意識します。

4 三角のポーズへ

DVD

LESSON 2

4

赤ちゃんを支える足腰の筋力をつくる

三角のポーズ（ウティタ・トゥリ・コーナ・アーサナ）

体側を伸ばして、土台となる下半身へ強力アプローチ

両足を開き、均等に体重をのせて上体を横に倒し、腕を上げることで、腰と太ももの筋肉に刺激を与え、足腰の筋力をアップ。妊娠とともにゆるんでくるじん帯を傷めないよう、下半身を強化します。おなかの赤ちゃんに新鮮な酸素をたっぷりと送り込むイメージで呼吸を深めましょう。

こんな効果もあります

- 腰痛改善
- 背中痛改善
- 肩こり改善
- 呼吸が深まる
- 気分のリフレッシュ

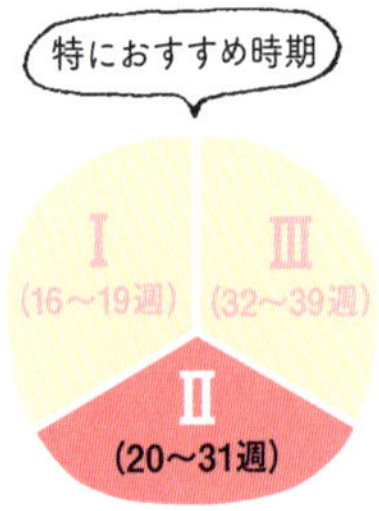

特におすすめ時期
I
(16〜19週)
III
(32〜39週)
II
(20〜31週)

吸う

吐く

1

足の裏4点でしっかり立つ

足を大きく開き（P48の2）、左つま先を前に向け、右手を腰、左手を太ももに添えます。足の裏4点で大地を踏みしめ、息を吸って、足元から骨盤、そして、骨盤から背骨を長く保ちます。

2

腰を押し出しながら上半身を傾ける

息を吐いて腰を少し右に押し出し、左手を足首のほうへ滑らせながら上半身を左側に傾けます。胸と顔は天井のほうに向けます。

今はココ！

のび〜
胸を開く
両わきを
長く保つ
目線は
伸ばした
手の指先
赤ちゃんは
こんな感じ
体重を両足に
均等にかける

ココに効いてます

体側と腰の筋肉を伸ばし骨盤まわりの血行促進

上体を横に倒すことで体側が伸び、腕を上げると胸部が広がり、呼吸も深まります。足を大きく広げることで内転筋やハムストリングスも伸びて、骨盤まわりの血行が促進され、ダブルの効果で気分もリフレッシュ。

Easy
左手はすね
でもOK
左手はブロックで
サポート。右腕は
上に伸ばさず、
腰でもOK

吸う↔吐く
5呼吸

3

足をしっかり踏ふしめながら腕を天井に伸ばす

右の肩を少し後ろに引いて胸を開き、背すじを長く伸ばします。右腕を天井のほうに伸ばして目線は手の先に。首がツラい場合は目線を正面にしてもＯＫ。足の土踏まずを引き上げ続け、その力で背すじを長く保ちましょう。5呼吸キープ。

つなぎ
浄化の呼吸法

息を吸いながら体を起こし、息を吐いて手を下ろし、浄化の呼吸法（P23）を行います。

3と4のポーズの反対側も同様に

5
立位の開脚前屈のポーズへ

DVD
LESSON 2
5

脚力をつけながら股関節の柔軟性をアップ

立位の開脚前屈のポーズ（プラサーリタ・パードゥッターナ・アーサナ）

骨盤まわりの強さとしなやかさをアップ

下半身の筋力をしっかりと使って、骨盤の位置を安定させながら前屈することで、脚力を養います。また、妊娠時に硬くなりがちなお尻や太ももなど裏側の筋肉も気持ちよくストレッチ。頭を下げるため、頭部の血流がよくなり、脳の疲れをとって心を落ち着かせてくれる効果もあります。

こんな効果もあります

- 脚力の強化
- 腰痛改善
- 股関節の柔軟性アップ
- 心身の緊張をほぐす
- 脳の疲れをとる

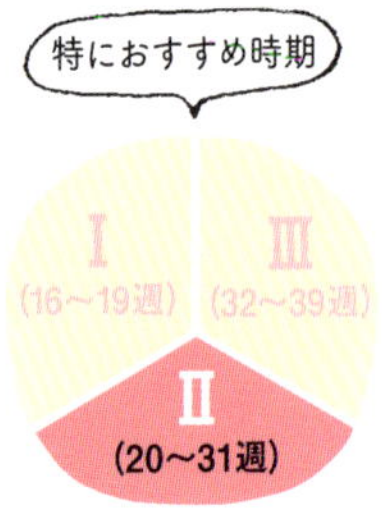

特におすすめ時期
I
(16～19週)
III
(32～39週)
II
(20～31週)

吸う　吐く

1 足を大きく開いて両手を腰に当てる

足を大きく開いて立ち、つま先は前に向けて脚を平行にします。足の裏4点で大地をしっかり押して、土踏まずを引き上げます。両手は腰に添えます。

2 骨盤から前屈する

息を吸って両肩を少し後ろに引いて胸を開き、吐きながら内ももを後ろに引くように骨盤から前屈。上半身は前に伸ばすよう意識し、床と水平になったら、両手をカップハンズにして床に置きます。

今はココ！

Easy

ブロックなどに手を置き、
浅めの前屈でもOK

横から見ると
NG

横から見るとお尻は
かかとの真上にくる

体重をかかとに
かけすぎない

ココに効いてます

下半身の裏側の筋肉を集中ストレッチ

脚を伸ばして前屈することで、内ももの内転筋、お尻の大殿筋、ももの裏側のハムストリングスをストレッチし、腰痛改善にも効果的。ふくらはぎも刺激されるので、下半身全体の血行がよくなります。

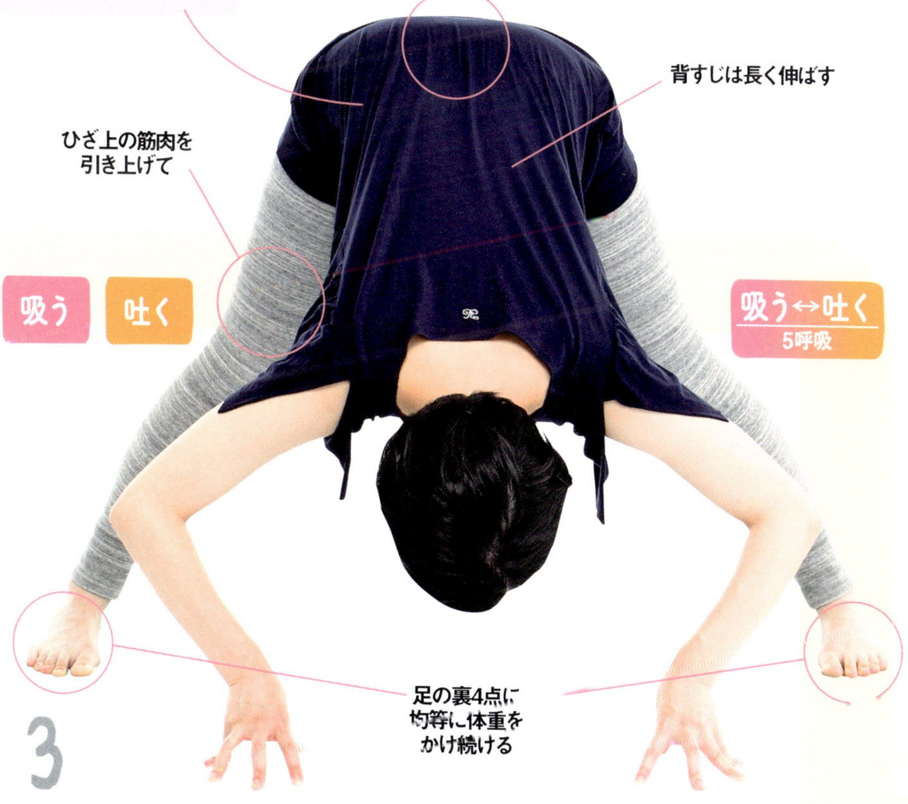
骨盤から倒す
背すじは長く伸ばす
ひざ上の筋肉を
引き上げて
足の裏4点に
均等に体重を
かけ続ける

吸う　吐く

吸う↔吐く
5呼吸

3

足の裏から脚全体を引き上げ続け、ひじを横に曲げて前屈を深める

息を吸って上半身をもう一度長く伸ばし、息を吐きながらひじを横に曲げて前屈を深めます。このとき、両足の親指のつけ根と内かかとでしっかり床を押して。ひざ上の筋肉も引き上げ続けます。5呼吸キープします。

Finish!

息を吸いながら2、1と戻り、足幅を狭めて山のポーズ（P20）に。

column

腰痛予防やスムーズな出産のために

おなかの大きいときこそ鍛えたい「腹横筋」

妊娠中は腹筋を使うのはNGと思いがちですが、腹筋といってもいろいろ。スムーズな出産や産後の回復のために、使ったほうがよい腹筋もあります。

腹横筋《ふくおうきん》は腹部の奥にあり、背骨からおなか全体を腹巻きのように包んでいます。腰を安定させ、骨盤底筋とともに骨盤や子宮を正しい位置にキープし、コルセットのような働きをしています。おなかが大きく前にせり出してくる妊婦さんにとって、腰痛の予防や改善に必要不可欠な筋肉なのです。また、赤ちゃんを産み出すときには、押し出す力の源となります。

妊娠中はおなかに力を入れて筋肉を縮める、いわゆる腹筋運動はできませんが、腹部全体を内側に引き入れて奥にある腹横筋を使っていきましょう。呼吸法で腹部を動かすことも腹横筋の強化に有効です。産後の腹部の回復にも役立ちます。

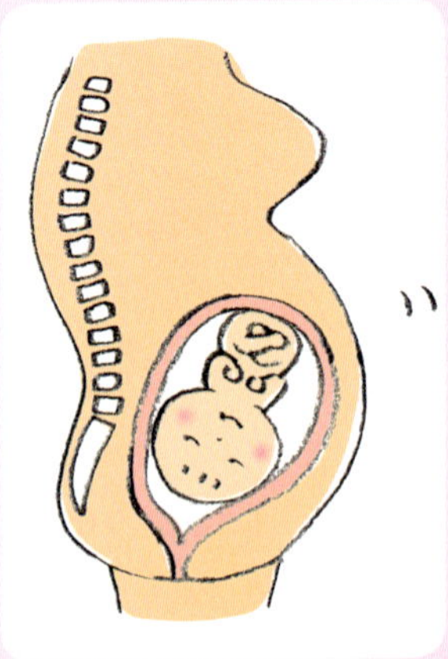

腹横筋が働いていると…

骨盤が整い、骨盤底筋のサポート機能も働き、子宮などの内臓を正しい位置で支えることができ、おなかの赤ちゃんもリラックスできます。

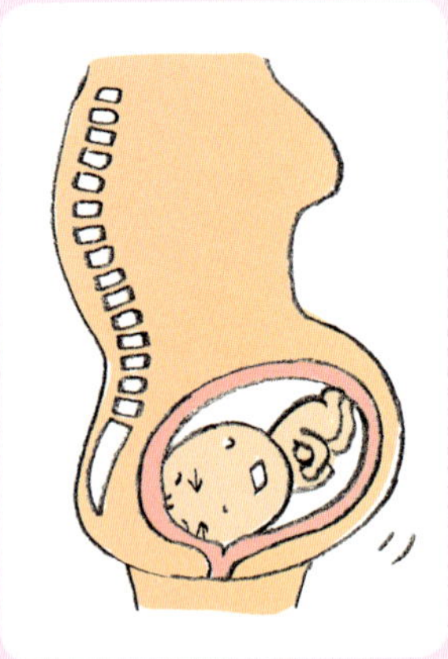

腹横筋が働いていないと…

骨盤がゆるみ、骨盤底筋のサポート力が弱まり、子宮など内臓が骨盤内に下がって、おなかの張りや早産の原因になります。

腹横筋を鍛えるメリットは・・・

- ☆正しい姿勢がキープできる
- ☆腰痛の予防や改善に役立つ
- ☆赤ちゃんを産み出す力となる
- ☆産後の腹部の回復も早い

腹横筋とは

腹横筋はおなかの奥の筋肉で、腹巻きのように胴体をぐるりと包んでいます。

LESSON

3

出産に備えて、
骨盤をコンディショニング！

産みやすい骨盤に整えるヨガ

赤ちゃんにもママにも負担の少ないスムーズな出産にするために、出産でもっとも大切な骨盤を整えましょう。骨盤周辺の筋肉を鍛えたりほぐしたりするプログラムで、赤ちゃんを産みやすいコンディションにします。

骨盤を整えて 出産に向けた体づくり

出産のとき、骨盤が広がることによって産道がつくられます。出産に備えて、骨盤まわりの筋肉を強化したりほぐしたりするプログラムで、産みやすい骨盤に整えましょう。また、骨盤の傾け方や骨盤底筋の使い方をマスターしておくと、出産のときに骨盤の状態をイメージしやすく、赤ちゃんの動きをサポートすることもできるでしょう。出産による母体のダメージも最小限に抑えられ、産後の回復が早くなります。

このレッスンで
使用する補助具

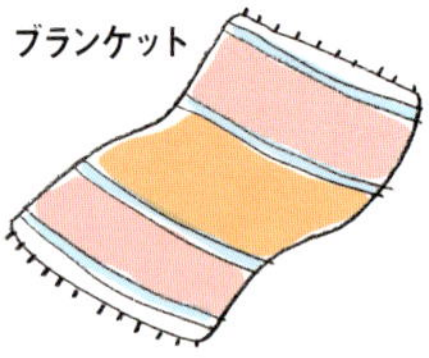

1 脚力を強化して
骨盤をサポート！

スクワット～花輪のポーズ

マラ・アーサナ

2 呼吸とともに動くことで
陣痛時痛み逃しの練習

ヒップサークル

point

こうすると しっかり効果が出る

脚の筋肉をしっかり使うと 骨盤底筋に意識が向けやすい

脚の筋肉の使い方を意識すると、骨盤につながる筋肉もしっかり使うことができ、骨盤底筋の動きにも意識が向きます。立ちポーズはもちろん、合せきのポーズや開脚前屈のポーズなども、足の裏4点の意識（P20）を持って行いましょう。

産んだあとは

骨盤を刺激する動きは お休みします

産後の骨盤は大きなダメージを受けています。脚を大きく開く開脚のポーズはお休みします。ただし、「骨盤底筋の引き締めと解放」は回復に役立つので、医師に相談のうえ、痛みがなければ産後24時間以降に始めてOKです。

3 会陰を含む骨盤底筋の弾力性をアップする

骨盤底筋の引き締めと解放

4 出産に必要な股関節の柔軟性を高める

合せきのポーズ

バッダ・コーナ・アーサナ

5 産道につながる内ももをストレッチ

開脚前屈のポーズ

ウパヴィシュタ・コーナ・アーサナ

DVD LESSON 3 1

脚力を強化して骨盤をサポート!

スクワット～花輪のポーズ（マラ・アーサナ）

おなかの赤ちゃんをサポートする筋力をつける

腰を落としてひざを曲げ、下半身の力で上半身を支えることで、足腰の筋力を強化します。骨盤を支える内ももの筋肉を刺激するので、骨盤周辺の血行も促します。特に花輪のポーズは産道をやわらかくほぐします。

NG 妊娠34週以降で逆子の場合、恥骨痛がある場合

こんな効果があります

- 脚力の強化
- 腰痛の予防
- 骨盤周辺の血行促進
- 陣痛促進

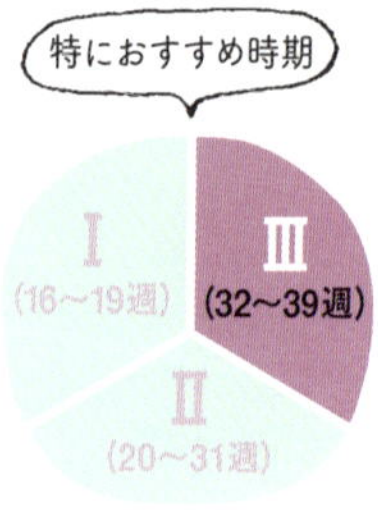
特におすすめ時期
Ⅰ (16～19週)
Ⅲ (32～39週)
Ⅱ (20～31週)

Let's start!

吸う

1

山のポーズで足を踏みしめて立つ

山のポーズで立ちます（P20）。足の裏4点で均等に大地を踏みしめます。

2

土踏まずと太ももの筋肉を引き上げる

足を肩幅に広げ、つま先はやや外向きに。土踏まずと太ももの筋肉を引き上げて脚全体に力を入れます。両手を胸の前で合わせ、息を吸って背すじを伸ばします。

今はココ!

ココに効いてます

内転筋、ハムストリングス、殿筋群にアプローチ

太ももの内側の内転筋、裏側のハムストリングス、お尻の殿筋群を使っているので、これらの筋肉が刺激されます。背すじを長く伸ばしたまま、脚の力を使って腰を下げていくことがポイント。

スクワット

背すじを長く伸ばす

土踏まずの筋肉を引き上げる

吐く

吸う↔吐く
5呼吸

3

太ももの筋肉を使いながら腰を落とす

息を吐いて太ももの筋肉を使いながらひざをゆっくりと曲げて、腰を落とします。そこで5呼吸キープ。その間、太ももの筋肉をしっかり使って、血流をよくしていきます。

Easy

ひじを太ももまで下ろしてもOK

吸う↔吐く
5呼吸

浄化の呼吸法
3回

花輪のポーズ
(P34)

一度2に戻ってから花輪のポーズで5呼吸キープ。さらに浄化の呼吸法(P23)を3回行います。

2 ヒップサークルへ

DVD
LESSON 3
2

呼吸とともに動くことで陣痛時の痛み逃しの練習

ヒップサークル

骨盤まわりの筋肉をコントロールし、めぐりをよくする

よつんばいは骨盤底筋にかかる子宮の重みを軽減できる姿勢です。そこで腰を回してそけい部に刺激を与え、血行やリンパの流れをよくします。このポーズを陣痛時に行うと、赤ちゃんにたっぷりと酸素を送りつつ、自分の痛みをやわらげる効果があります。

こんな効果もあります

- リンパの流れを促進
- 血行促進
- 骨盤まわりのリラックス
- 陣痛の痛み逃し

特におすすめ時期
Ⅰ
(16〜19週)
Ⅲ
(32〜39週)
Ⅱ
(20〜31週)

首の後ろは
リラックスして長く
つま先を立てる
腰の真下に
ひざがくる
肩の真下に
手をつく

1

よつんばいになり、つま先を立てる

肩の真下に両手をつき、腰の真下に両ひざをついてその間隔をやや広く開き、よつんばいになります。つま先を軽く立てます。

ココに効いてます

子宮への血行促進と陣痛時の痛み逃しに

妊娠時に行えば、骨盤から子宮などへの血行促進効果があります。また、出産のとき、深い呼吸とともに腰を動かせば、心身の緊張をゆるめ、陣痛の痛み逃しに役立ちます。

2

脚のつけ根を動かし、円を描くように腰を回す

骨盤を後ろに引いたあと、息を吸いながら腰を左側から前へ、息を吐きながら右側から後ろへと、時計回りに動かします。おなかの赤ちゃんで円を描くように、脚のつけ根周辺を十分に動かして。大きな円でなくてＯＫです。自然な呼吸に合わせて5周行います。

反対回しも同様に

つなぎ
子どものポーズ（P27）

お尻をかかとの上に下ろし、両手を重ねてそこにひたいをのせて5呼吸。

DVD

LESSON 3

3

会陰を含む骨盤底筋の弾力性をアップする

骨盤底筋の引き締めと解放

骨盤底筋を意識して動かし、弾力ある状態に

骨盤底筋は、骨盤の下側で骨盤内にある子宮などの臓器を支えている筋肉。骨盤底筋を意識的に引き締めたりゆるめたりすることで、弾力のあるよい状態にします。ここの筋力とコントロール力をつけておくと、妊娠中の体をサポートでき、出産時にも役立ちます。さらに、産後の回復も早くなるというメリットも。

こんな効果もあります

- 尿もれ予防
- 痔《じ》の予防
- 出産がスムーズになる
- 産後の回復が早い

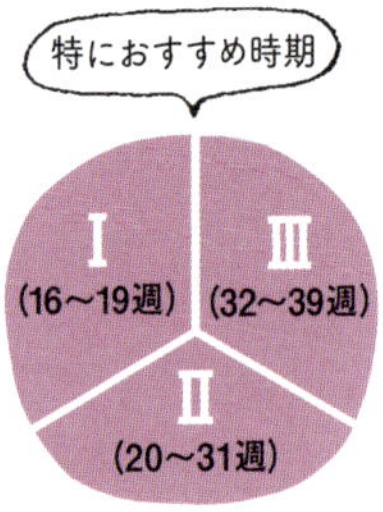
特におすすめ時期
Ⅰ
(16〜19週)
Ⅲ
(32〜39週)
Ⅱ
(20〜31週)

首をラクにする
ひざを腰幅より広めに開く

1

よつんばいになり、ひざを広めに開く

よつんばいになります。ひざの間は腰幅よりやや広めに開き、つま先を軽く立てます。

今はココ！

浄化の呼吸法に合わせて骨盤底筋を動かそう

産前は…

鼻から吸う→引き締める
口から吐く→ゆるめる

産後は…

鼻から吸う→ゆるめる
鼻から吐く→引き締める

❶ 尿道　骨盤底筋の前側。尿意をガマンするように引き締め、引き上げる。

❷ 肛門　骨盤底筋の後ろ側。便意をガマンするように引き締め、引き上げる。

❸ 産道（膣《ちつ》）　骨盤底筋の中央。肛門と尿道の真ん中を引き締め、引き上げる。

各3呼吸

Easy

お尻を高くする際、額の下にブロックを置いてもOK

ココに効いてます

骨盤底筋を意識的に動かしてコントロール

骨盤底筋の引き締め（収縮）と解放（弛緩《しかん》）を意識的に行うことで、筋力とコントロール力がつきます。骨盤底筋は、尿道、膣、肛門の3つの穴をぐるりと取り囲んでいるので、これらの穴を締めるよう意識するとよいでしょう。

2
3
1
赤ちゃんはこんな感じ
骨盤が高くなるように
肩の真下にひじがくる

吸う↔吐く

2

お尻が高くなる体勢で呼吸に合わせて骨盤底筋を動かす

1の両手首の位置にひじがくるように、ひじから先をマットに置きます。お尻が高くなる体勢で、①尿道、②肛門、③産道の順に、鼻から吸うときに骨盤底筋を引き締めて、口から吐くときにゆるめます。（産後は反対になります）

つなぎ
子どものポーズ（P27）

DVD

LESSON 3

4

出産に必要な股関節の柔軟性を高める

合せきのポーズ（バッダ・コーナ・アーサナ）

股関節や骨盤まわりの筋肉にじんわり効かせる

ひざを大きく開いて、股関節や骨盤周辺の硬くなった筋肉を伸ばし、股関節の柔軟性を高め、骨盤内の血流をアップさせます。また、産道につながる内ももの筋肉のストレッチ効果もあります。足の裏をしっかりと合わせて押し合うことで、ひざをじんわり開いていきましょう。

こんな効果もあります

- 骨盤周辺の血行促進
- 内ももの柔軟性アップ
- 骨盤の左右のゆがみに気づく
- お尻のストレッチ

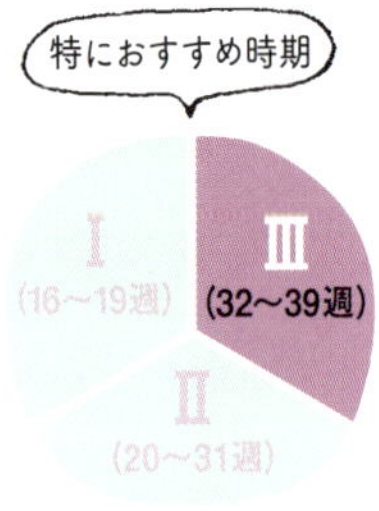

特におすすめ時期
Ⅰ
(16～19週)
Ⅲ
(32～39週)
Ⅱ
(20～31週)

骨盤を上手に立てる方法

片側ずつお尻を持ち上げ、
内ももを床のほうに回し下ろす

吸う
吐く

1
お尻の下にブランケットを敷き骨盤を立てる。

お尻の下にブランケットなどを敷いて座り、足の裏どうしを体の前で合わせます。骨盤を立て、両手で足首を持ちます。足の裏で互いに押し合い、背すじを長く伸ばします。

2
足の裏の押し合う力でひざを開く

両手を腰の横に置き、指先をカップハンズに。指先の力も借りて上体を引き上げ、おなかの赤ちゃんにスペースをつくります。息を吸ったときに、足の裏を押し合って、吐くときにひざが左右遠くに離れるように。

ひざが左右に引っ張られて
遠くに開いていく感じ

息を吐きながらひざが左右に離れるように股関節をじんわり開いていきます。

ココに効いてます

内転筋をストレッチして股関節の動きをスムーズに

太ももの内側にある内転筋をストレッチすることで、股関節や骨盤周辺の筋肉がほぐれます。股関節の柔軟性が高まり、その動きがなめらかになります。骨盤が後傾していると効果が半減するので、骨盤を立てて行います。

Easy

前屈は浅くてもOK

吸う　吐く

吸う↔吐く
5呼吸

のどの前はつぶさないように

足の裏どうしを押し合う

3

前屈しながら足の裏どうしを押し合う

両手をカップハンズにして体の前に置きます。息を吸って背すじを長く伸ばし、吐きながらその指先を前の床にすべらせるように前屈し、そこで5呼吸キープします。この間、息を吸うとき足の裏を押し合い、吐くときひざを左右に広げ、股関節まわりを伸ばしていきます。

DVD LESSON 3 5

産道につながる内ももをストレッチ

開脚前屈のポーズ（ウパヴィシュタ・コーナ・アーサナ）

内転筋と背面の筋肉をしっかり伸ばす

開脚で前屈し、産道とつながる内ももをストレッチ。骨盤を立てて座り、足の裏４点を意識して脚の力を使いながら背すじを長く伸ばしていくと、硬くなったお尻の筋肉やもも裏のハムストリングスを刺激し、内転筋も伸ばしやすくなります。無理なく伸ばしてゆるめていきましょう。

こんな効果もあります

- もも裏のストレッチ
- 脚のつり予防
- 下半身のめぐりを促進
- 脳を落ち着かせる
- 心身のリラックス

特におすすめ時期
Ⅰ
（16〜19週）
Ⅱ
（20〜31週）
Ⅲ
（32〜39週）

骨盤を上手に立てる方法
片側ずつお尻を持ち上げ、
内ももを床のほうに回し下ろす

90度

吸う

1 開脚の姿勢になる

床に座って両脚を90度程度に開き、骨盤を立て、ひざのお皿とつま先を天井に向けます。両手をカップハンズにして腰の横に置き、指先で床を押して、もう一度背すじを長く伸ばし、両肩を少し後ろに引きます。

2 前に両手を置いて背すじを長く伸ばす

両手を体の前の床に置き、指を立ててカップハンズに。息を吸いながら背すじを長く伸ばします。

今はココ!

両足で見えない壁を蹴るイメージで

KICK!
BABY

足の裏4点に力を入れ、見えない壁を蹴るように、脚全体に力を入れます。

ココに効いてます

骨盤をしっかり立てて ハムストリングス、殿筋群に喝!

開脚の姿勢になることで、太ももの内側の内転筋、脚を伸ばして前屈することで、太ももの裏側のハムストリングスやお尻の殿筋群をストレッチ。骨盤周辺から脚の裏側の筋肉をまんべんなくほぐしていきます。

Easy

開脚するだけでもOK

開脚にし、足の裏4点で蹴るように脚全体に力を入れるだけで内ももやもも裏は伸びていきます。

吸う↔吐く
5呼吸

吐く

ひざのお皿とつま先は
天井に向ける

3

脚をしっかり意識しながら前屈

息を吐きながら、床に置いた両手の指先を前方向にすべらせます。このとき、脚全体に力を入れ続け、ひざのお皿とつま先は天井に向け続けます。ここで5呼吸キープします。深く倒すことよりも脚を伸ばしてしっかり使うことを意識して。

吉兆座でひと休み

Finish!

column

妊娠中から産後まで地道なケアが重要

ちょっとした心がけで

弾力ある骨盤底筋をつくろう

スムーズな出産と、産後の回復を早めるポイントとなる骨盤底筋。その働きを理解し、コンディションを整えましょう。

骨盤底筋は骨盤の下部にあり、骨盤内に収まっている子宮や膀胱《ぼうこう》などの臓器を下から支え、尿道・膣・肛門の排泄をコントロールしています。ベッドにたとえると骨盤が木枠《きわく》で骨盤底筋がマットのような存在。妊娠時はホルモンの影響で骨と骨をつなぐじん帯がゆるむため、木枠の骨盤もゆるんできます。その分、マットの骨盤底筋がしっかりしていないと、大きくなる子宮を支えられません。

一方で、出産時には、産道がスムーズに広がるように骨盤底筋がゆるむのが理想です。そのためには、骨盤底筋をしなやかで弾力のある状態にすることが重要です。ヨガのポーズで意識的に骨盤底筋を動かし、その部分の引き締め（収縮）と解放（弛緩）のコントロール力を高めましょう。感覚がつかみにくいので、毎日少しずつ続けましょう。

また、出産時に大きくゆるむため、産後そのままにしておくと、尿もれ、子宮脱などの原因に。スムーズな回復のためには、産後24時間経って会陰《えいん》に痛みがなければ、LESSON2の「骨盤底筋の引き締めと解放」(P62)を始めるとよいでしょう。

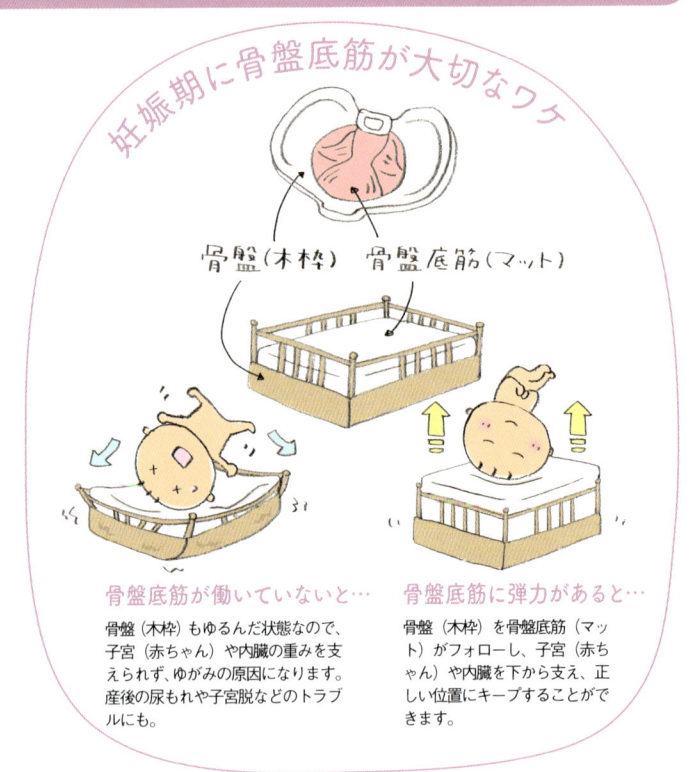

妊娠期に骨盤底筋が大切なワケ

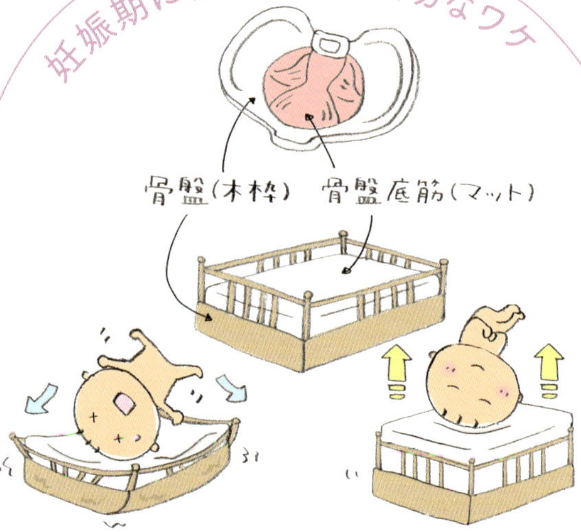

骨盤（木枠）
骨盤底筋（マット）

骨盤底筋が働いていないと…

骨盤（木枠）もゆるんだ状態なので、子宮（赤ちゃん）や内臓の重みを支えられず、ゆがみの原因になります。産後の尿もれや子宮脱などのトラブルにも。

骨盤底筋に弾力があると…

骨盤（木枠）を骨盤底筋（マット）がフォローし、子宮（赤ちゃん）や内臓を下から支え、正しい位置にキープすることができます。

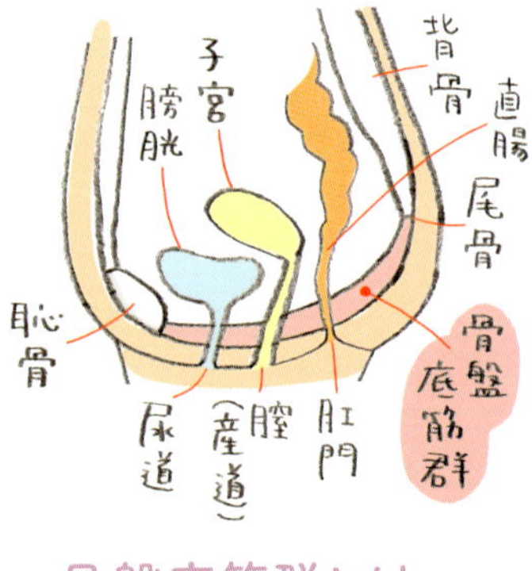

子宮
膀胱
背骨
直腸
尾骨
恥骨
骨盤底筋群
尿道
膣（産道）
肛門

骨盤底筋群とは

骨盤底筋群は骨盤の下部にハンモック状に付いている筋肉群。子宮などの内臓を下から支え、尿道、膣、肛門をコントロールしています。

引き締め（収縮）と解放（弛緩）のコントロールが大切

骨盤底筋を正面から見た図です。意識的に骨盤底筋を動かして、収縮させたり弛緩（解放）させたりできるようになりましょう。

引き締め（収縮）

骨盤底筋が収縮した状態。ハンカチの真ん中をつまみ上げるようなイメージで、骨盤底筋を体の中へ引き上げます。

解放（弛緩）

骨盤底筋がゆるんだ状態。力を抜き、引き上げた骨盤底筋を解放させます。力を入れて押し出すのではなく、力を抜くだけでOKです。

LESSON 4

リラックス上手になって、
出産も育児もスムーズに♪

心身の力を抜く リラックスヨガ

妊娠中の体は、体型の変化やストレスなどによって
力が入りやすく、緊張しがち。リラックスヨガで
心と体の余分な力みをとり、ゆるめましょう。
意識的に力が抜けるようになると、
出産や育児と上手につき合っていけるはずです。

呼吸を深めて心と体のバランスを整える

妊娠すると、さまざまな体の変化とともに生活も変わるので、戸惑いや不安を感じることもあるでしょう。ストレスを感じると、体は無意識のうちに前側が閉じて呼吸が浅くなり、自律神経が乱れがちに。そんなときに行ってほしいのが、心身の力を抜いてしなやかにするこのプログラムです。心と体を緊張から解放できるようになると、これから経験する出産や育児も、しなやかに乗り越えていく自信が身につきます。

このレッスンで使用する補助具

start!

1 上半身のこりをほぐして明るい気分に

割座で猫のポーズとツイスト

ヴィーラ・アーサナでキャット&カウとツイスト

2 不安な心を落ち着かせ、心を穏やかに

片脚を曲げた側屈と前屈のポーズ

point

こうすると しっかり効果が出る

やさしい表情で 息を吐くことを意識して

いかに体の力を抜いてリラックスできるかが、効果アップの決め手となります。そのためには、ポーズをとるとき、目の奥をゆるめ、顔の表情をやわらかくして、深い呼吸を心がけましょう。吐くことを意識してしっかり吐ききると、脱力しやすくなります。

育児疲れやストレスの 軽減に役立てて

産後は育児や家事に追われて忙しく、慣れない赤ちゃんの世話で、心身ともに緊張状態が続きます。思いどおりにならず、ついイライラしてしまうことも。そんなときこそ、このプログラムで体と心をスッキリさせましょう。

3 全身を脱力して 深くリラックス

あお向けの合せきのポーズ

スプタ・バッダ・コーナ・アーサナ

4 ねじる動きで腰や 背中のこわばりをとる

あお向けのツイスト

5 呼吸をコントロールして 心身のバランスを整える

片鼻呼吸法

ナーディ・ショーダナ

DVD LESSON 4 1

上半身のこりをほぐして明るい気分に

割座で猫のポーズとツイスト（ヴィーラ・アーサナでキャット&カウとツイスト）

上半身のストレッチ＋深い呼吸で心身を活性化する

背中を丸める動きと反らす動きを交互に行う猫のポーズに上体の軽いツイストを組み合わせ、背中やわき腹をほぐし、妊娠中、こわばりがちな上半身をラクにします。丸まった背中が伸びるので、姿勢がよくなり、バストの位置もアップ！　見た目の印象も明るくなり、気分も前向きになります。

こんな効果もあります

- 腰痛の改善
- わき腹のストレッチ
- 背中のこりをほぐす
- 猫背の改善
- 気持ちが明るくなる

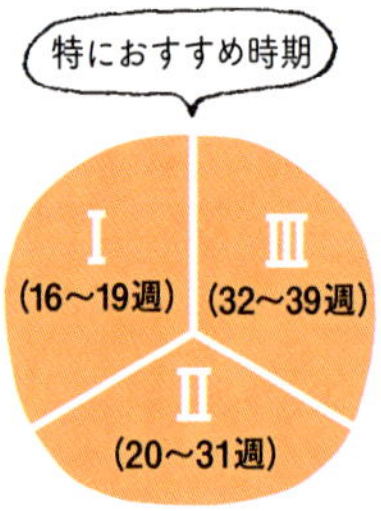
特におすすめ時期
Ⅰ
（16〜19週）
Ⅲ
（32〜39週）
Ⅱ
（20〜31週）

Let's start!
吐く
吸う
猫のポーズ
吐く
おなかと胸を
前に押し出すように
4回繰り返す
骨盤は
前傾
赤ちゃんを
のぞくように
骨盤は
後傾

1 割座になって一度息を吐き出す

ブロックをお尻の下に敷いて割座で座ります（P21）。両手を太ももに乗せ、背骨を長く伸ばし、ゆったりと息を吐き出します。

2 息を吸いながらおなかから胸を伸ばす

息を吸いながら骨盤を前に傾けます。赤ちゃんがいるおなかと胸を前に押し出し、目線は斜め上に向けます。両肩をやや後ろに引いて胸を広くします。

3 息を吐いて背中を丸める

息を吐いて体を戻したら、骨盤を後ろに傾けていきます。背中を丸めて赤ちゃんがいるおなかを見るようにします。呼吸に合わせて2、3を4回繰り返し、息を吸いながら1の割座に戻ります。

今はココ！

ココに効いてます

上半身をほぐして呼吸をしやすく

背骨をしなやかに動かす猫のポーズで、胸まわりのろっ間筋をストレッチ。ツイストでは背中の筋肉を刺激し、上半身のこわばりを解消。２つのポーズを行うことで、背中の柔軟性が高まり、呼吸がしやすくなります。

回転とびらのようにねじって
背骨を軸に、回転とびらのイメージで胸から上だけを軽くねじります。

ツイスト
肩を後ろに引く
背すじを長く伸ばす
左の坐骨が床から浮かないように
赤ちゃんはこんな感じ

吸う　吐く

吸う↔吐く
5呼吸

4

背すじを伸ばして胸を軽くツイスト

右手を腰の後ろに、左手は右の太ももに添え、息を吸って背骨を長く伸ばし、両方の坐骨に均等に体重をかけて、息を吐きながら右の肩を少し後ろに引き、胸の上部を軽めに右にツイストします。目線も右斜め上に向けます。ここで5呼吸キープします。

反対側も同様に

2
片脚を曲げた側屈&前屈のポーズへ

DVD LESSON 4 2

不安な心を落ち着かせ、心を穏やかに

片脚を曲げた側屈と前屈のポーズ

下半身と上半身を効率よくストレッチ

股関節や脚のつけ根を刺激し、内ももやもも裏の筋肉がよく伸びるポーズです。体側を伸ばすことでろっ間筋をほぐし、深い呼吸ができるようになります。腕を上げる動きで、肩こりの緩和にも効果てき面。そして前屈には心を落ち着かせる効果が。１つでたくさんの効果が得られるお得なポーズです。

こんな効果もあります

- 心を落ち着かせる
- 不安をやわらげる
- 肩こり・頭痛改善
- 背中の筋肉強化
- もも裏のストレッチ

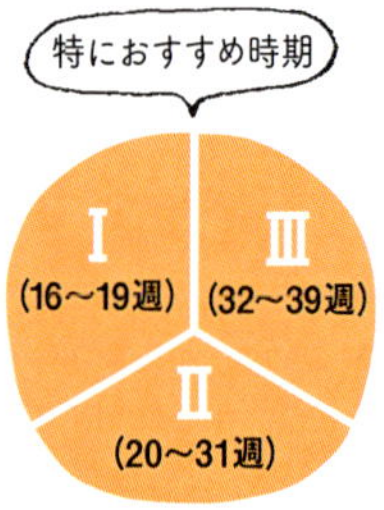
特におすすめ時期
Ⅰ (16〜19週)
Ⅲ (32〜39週)
Ⅱ (20〜31週)

骨盤を上手に立てる方法
片側ずつお尻を持ち上げ、内ももを床のほうに回し下ろす

吸う
吸う
吐く

側屈
吸う↔吐く
5呼吸

1 片脚を伸ばして座る

右脚を斜め前に伸ばし、左脚は曲げてかかとを体の中心に。骨盤を立て、右足のつま先とひざのお皿は天井に向けます。両手はカップハンズで腰の横につき、息を吸って床を押して肩を後ろに引きます。

2 上体を右へ倒す

右手を体から10cmほど離れたところに置き、息を吸いながら左腕を天井のほうに伸ばし、息を吐いて上体を右へ倒します。左の二の腕越しの天井を見るように顔と目線を上げて5呼吸キープ。

今はココ！

ノートパソコンをたたむイメージで

ノートパソコン

ノートパソコンをたたむように上半身を
まっすぐキープしたまま股関節から前屈。

前屈
赤ちゃんは
こんな感じ
吸う
吐く
吸う↔吐く
5呼吸
ひざのお皿と
つま先を天井に
向けておく
両方の坐骨を
しっかり床に
つけておく

ココに効いてます

側屈と前屈の両方で心身ともにリラックス

前屈は内転筋やハムストリングスを伸ばす効果に加え、心を落ち着かせる効果も。不安や疲労、頭痛の軽減にも役立ちます。また、側屈でろっ間筋がほぐれると呼吸が深まり、心身ともにリラックスできます。

3

骨盤から上体を前屈する

1に戻り、両手をカップハンズにして体の前に置きます。息を吸って背骨を伸ばし、息を吐いて両手を前の床に少しすべらせ上体を前に倒し、そこで5呼吸キープします。その間、右足のつま先とひざのお皿を天井に向け続け、太もも内側や裏側が心地よく伸びているのを感じましょう。

反対側も同様に

3 あお向けの合せきのポーズへ

DVD
LESSON 4
3

全身を脱力して深くリラックス

あお向けの合せきのポーズ（スプタ・バッダ・コーナ・アーサナ）

胸やけや消化不良などの不快感をやわらげる

補助具に身をゆだねて全身を脱力させる、リラックス効果の高いポーズです。背中の緊張がとれて肩や胸が開き、呼吸がラクできるように。腹部や骨盤周辺もゆるんでくるので、胸やけや消化不良など、妊娠期に起こりやすい胃の不快感をやわらげるのに効果的。食後の休息にも適しています。

こんな効果もあります

- 胃の不快感緩和
- 心身のリラックス
- そけい部のストレッチ
- 呼吸を深める
- 疲労感軽減

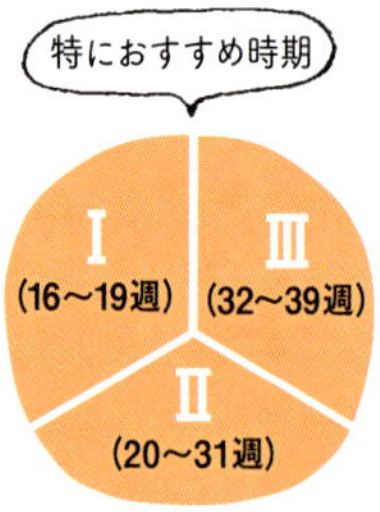
特におすすめ時期
I
(16～19週)
III
(32～39週)
II
(20～31週)

1 ブロックとボルスターを好みの角度にセットする

ブロックとボルスターで傾斜がつくようにセットします。ボルスターを背にして、ブランケットをたたんだ上にひざを立てて座ります。

2 ボルスターの上にあお向けになる

左側に両ひざを倒しながら、左側の床に両手をついてゆっくりとボルスターの上にあお向けになり、両ひざを立てます。

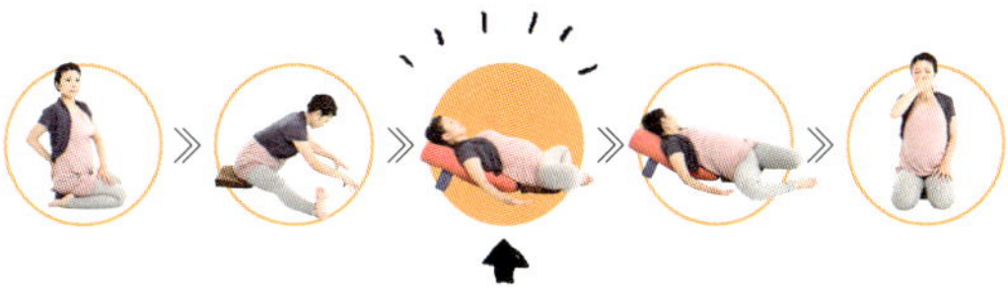

合せきにすると恥骨が
痛いときは

内またに

ひざを立て、両脚を開いてひざとひざを合わせて内またに。

傾斜の角度はどのくらいがいい？

妊娠中は、赤ちゃんの重さが内臓を圧迫してあお向けの姿勢は苦しいものです。補助具で傾斜をつけたほうがその重みがかからないので、一般的にはラクと言われます。とはいえ、その感じ方は人それぞれ。道具を調整して、ラクと思える角度を見つけましょう。

ココに効いてます

補助具に身を任せると全身の脱力ができる

背中の緊張がほぐれ、肩や胸が開いてくることで呼吸が深まります。股関節を解放し、内転筋が伸びることで骨盤まわりの血行が促進。腹部や腰もリラックスして、おなかの赤ちゃんのスペースもゆったりします。

補助具に
身をゆだねる

自然呼吸

心地よいと思える
高さに調整する

3 合せきのポーズでリラックス

足の裏どうしを合わせて合せきになり、両ひざを開きます。手のひらを上に向けて床に置いて軽く目を閉じ、自分のペースで深い呼吸を繰り返します。息を吐くたびに余分な力を抜き、上半身を補助具にゆだねていきます。心地よければ1～5分ほどキープします。

つなぎ
内またでお休み

ひざをつけて肩幅よりやや広めに足を開いて休みます。

4 あお向けのツイストへ

DVD

LESSON 4

4

ねじる動きで腰や背中のこわばりをとる

あお向けのツイスト

ねじりの動きでおなかまわりのめぐりを促進

ねじりのポーズで腰まわりの筋肉や背中のこわばりをほぐし、骨盤まわりの血行をよくします。内臓も刺激されるので、便秘の解消にも効果的です。道具に身をゆだねると、腕の重みで胸が開き、わきのリンパも刺激。首もツイストすることで、肩や首のこりが気持ちよくほぐれ、リラックス効果も抜群です。

こんな効果もあります

- 肩こり・首こり改善
- リンパの流れ促進
- 血行促進
- 便秘改善

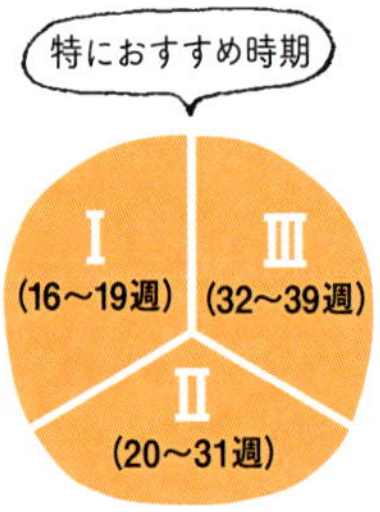

特におすすめ時期
I
(16～19週)
III
(32～39週)
II
(20～31週)

1

ボルスターの上にあお向けになってひざを立てる

補助具で傾斜をつけ、そこにあお向けになり、ひざを立てます。足は肩幅よりやや広めに開き、両手は手のひらを上に向け、体から少し離して床に伸ばします。

今はココ！

体が溶けていくような極上のリラックス感

Relax
BABY

体を補助具にゆだねて、まるで体が溶けるような感じで脱力します。

ココに効いてます

そけい部を刺激してリンパの流れを活性化

あお向けになって下半身を軽くねじることで、そけい部やわき腹のリンパを刺激。補助具に身をゆだね、リラックスした状態で呼吸を深めることで、骨盤や腰まわりの筋肉も気持ちよくゆるんでいき、めぐりがよくなります。

吐く
顔も左側に向ける
左肩が浮かないように
吸う↔吐く
5呼吸
補助具に身をゆだねる

2

両ひざを片側に倒して腰をツイストし補助具に身をゆだねる

両ひざを息を吐きながら右側にゆっくりと倒します。左の背中がボルスターから浮かないようにし、余裕があれば顔も左側に向けます。目を閉じ、息を吐いて余分な力みを抜き、補助具に身をゆだねます。５呼吸キープします。

反対側も同様に

つなぎ
左側を下にして起き上がる

5 片鼻呼吸法へ

DVD LESSON 4

5

呼吸をコントロールして心身のバランスを整える

片鼻呼吸法（ナーディ・ショーダナ）

妊娠中に起こりがちな心身の乱れを呼吸法で整える

妊娠中は、体は重く沈みがちなのに心はふわふわとしていて、心身がアンバランスな状態になることも。そんなときにおすすめなのがこの呼吸法。左右の鼻から交互に酸素をバランスよく取り込むことで、体の左右のバランスや自律神経のバランスを整えます。質のよい睡眠を得られる効果もあります。

こんな効果もあります

- 自律神経のバランスを整える
- 質のよい睡眠がとれる
- 疲れた脳をリラックス
- 精神を安定させる
- 呼吸が深まる

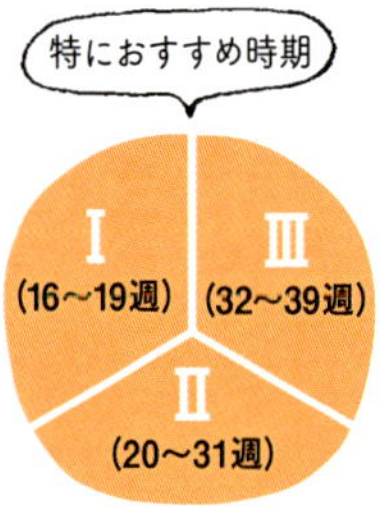

特におすすめ時期
Ⅰ
(16〜19週)
Ⅲ
(32〜39週)
Ⅱ
(20〜31週)

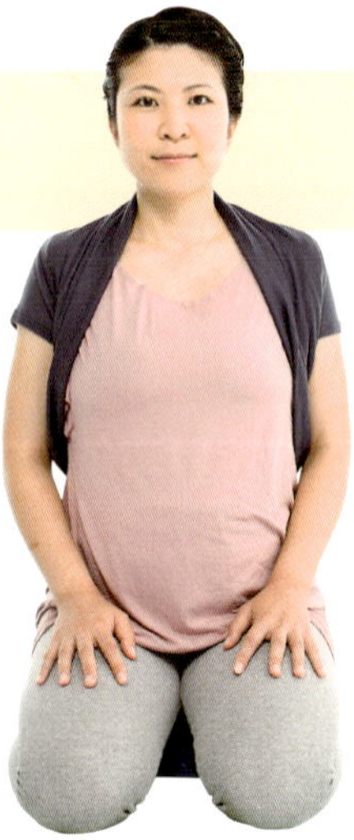

人さし指と中指は軽く曲げておく

1 骨盤を立てて座る

ブロックなどをお尻の下に敷いて骨盤を立てて座ります。座り方は吉兆座または割座（P21）。骨盤が立ちやすいほうを選びましょう。

2 右の人さし指と中指を軽く曲げる

右手を顔の前に出します。親指と薬指を小鼻に当てやすいよう、人さし指と中指を軽く曲げます。

今はココ！

呼吸のし方（1サイクル）

1 右の小鼻を親指で押さえ、左の鼻から息を吸って軽く息を止める。

2 親指を離し、左の小鼻を薬指で押さえて右の鼻から吐き出す。そのまま、右の鼻で吸って息を軽く止める。

3 薬指を離し、右の小鼻を親指で押さえて左の鼻から吐き出す。

肩を後ろに
引いて
胸を開く

ココに効いてます

呼吸の力で心と体の調和がとれる

この呼吸法は、「男性性と女性性」「活性と落ち着き」など、相反するエネルギーのバランスを整えると言われています。妊娠期特有のアンバランスな心身を整えるのにピッタリです。

3 指で押さえながら片鼻ずつ呼吸

骨盤を立てて背骨を長く伸ばし、右肩を少し後ろに引いて胸を開きます。両鼻から息を吐き出し、もう一度大きく息を吸って、ゆったりと吐き出します。そのあと片鼻呼吸法（①〜③）を行います。それぞれ、ゆっくり4カウント数えて息を吸い、息を止めたら指を入れ替え、4カウント数えながら吐きます。これを4サイクル行います。

Finish!

自然呼吸

両手を太ももに置いて、両鼻から自然に入る呼吸を味わいます。

DVD
SPECIAL MENU

深いリラクゼーションのために

ママのための寝たままヨガ瞑想 ママのためのヨガ・ニドラー

DVDの音声ガイドに導かれながら、心と体を解放していく瞑想法です。おなかの赤ちゃんと一緒に、心地よい時間を過ごしましょう。

瞑想《めいそう》は心のざわめきを鎮め、精神の集中力を高め、体じゅうにポジティブなエネルギーを与えてくれます。短時間で疲れを効果的に回復できるため、不眠で悩む方にも有効と言われています。ただ、慣れないと、自分ひとりで深い瞑想状態までいくのはむずかしいもの。そこでおすすめなのがDVD収録の「ママのための寝たままヨガ瞑想」。声の誘導にしたがって体の各部分の緊張をとっていくと、心も自然とゆるむでしょう。繰り返し行っていけば、どこが緊張しているのか、どうやって力を抜けばいいのか、わかるようになっていきます。妊娠中は出産や育児に関して無意識に緊張感が生まれがちです。心のこわばりや緊張感を手放し、心身ともに深いリラクゼーションを味わいましょう。

また、深くリラックスした状態で赤ちゃんと向き合う時間をつくることは、赤ちゃんとのつながりを深めるのにも効果的です。すべてのプログラムのあとに休息を兼ねて行うのもおすすめです。

スマホのアプリもあり!

ヨガスタジオ「スタジオ・ヨギー」のエグゼクティブ・ディレクター 、キミ先生が監修したスマホアプリ『寝たまんまヨガ 簡単瞑想』。無料版から有料版まで10種類あり、深いリラクゼーションが得られると評判で、100万ダウンロードを突破。いつでもどこでも行えるのがウレシイ。
http://www.studio-yoggy.com/yndapp/

姿勢は…

自分にとってラクな姿勢をとります。ボルスターやブロックを使って傾斜をつくり、その上にあお向けで横たわるか、体の左側を下にして横たわります(P27)。自分とおなかの赤ちゃんにとって心地よい姿勢であれば、どんな形でもかまいません。途中で姿勢を変えてもOKです。

ヨガ瞑想の流れ

❶体の緊張をリリース
足の指先から腕、手のひら、口と、声の誘導で順に体を動かし、体の緊張をリリースします。

❷体の状態を意識
体を動かさず、声の誘導にしたがって、体のすみずみまでリラックスしていることをひとつずつ意識していきます。

❸赤ちゃんと対話する
深いリラクゼーションの中で、おなかの中の赤ちゃんに意識を向け、つながりを深めます。

❹意識と体を現実に戻す
呼吸に意識を戻し、体を少しずつ動かしていきます。

❺横向きでお休み
起き上がる前に、体の左側を下にして横向きでしばらく休みます。

LESSON

5

妊娠にともなう
マイナートラブルを撃退！

妊娠中の不調をやわらげるヨガ

妊娠中はホルモン分泌が以前と違ったり、
体や生活が変化したりするため、それまで
経験したことない不調に悩まされることも。
こまめなケアで、かけがえのない
マタニティライフをイキイキと過ごしましょう！

LESSON 5 妊娠中の不調をやわらげるヨガ

妊娠中の不調を解消し、心も体も健康で前向きに

おなかに赤ちゃんがいることはとてもうれしいこと。けれど、体型やホルモンの変化で引き起こされる、妊娠期特有のマイナートラブルに悩まされることも少なくありません。このプログラムでは、多くの方が妊娠中に悩む体の不調にアプローチ。５ポーズを通して行うとトータルにケアできますが、腰痛改善など目的に合わせて単独のポーズを行ってもOK。少しでも不調をやわらげ、心身ともに健康で前向きな妊娠期を過ごしましょう。

このレッスンで使用する補助具

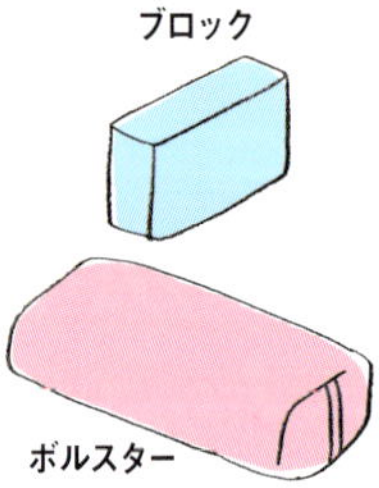

1 丸まりがちな背中を伸ばして肩こりを撃退

腕だけの牛の顔のポーズ

腕だけのゴー・ムカ・アーサナ

2 腸への刺激で妊娠期のがんこな便秘を改善

ねじりのポーズ

マリーチ・アーサナ

point

こうすると しっかり効果が出る

こまめなケア＋呼吸の力で心も体もゆるりとほぐす

妊娠時期特有のマイナートラブルは、多くの人が経験することですが、妊娠期が進むにつれて体の負担は大きくなっていくので、こまめなケアが大切。動きに呼吸を合わせると心も体もほぐれやすくなるので、深い呼吸を意識しながら行いましょう。

産んだあとは

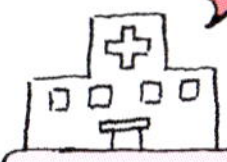

育児の合間に「ちょこっとケア」を

産後の体は、心身の急激な変化や、慣れない育児の疲れから、妊娠中にも増して不調が起こりやすい状態です。このプログラムは産後のケアとしてもそのまま活用できるので、育児の合間にこまめに取り入れましょう。

3 こわばりやすいお尻まわりをほぐして腰痛を改善

針の穴のポーズ

スチランドラ・アーサナ

4 脱力効果で妊娠期の疲労感を軽減

ママのための橋のポーズ

ママのためのセーツ・バンダ・サルヴァーンガ・アーサナ

5 重力を利用して脚のむくみや疲れをオフ

両脚を壁に上げるポーズ

ヴィパリタ・カラーニ

DVD LESSON5 1

丸まりがちな背中を伸ばして肩こりを撃退

腕だけの牛の顔のポーズ（腕だけのゴー・ムカ・アーサナ）

こり固まった肩甲骨まわりの筋肉をほぐして肩をスッキリ

妊娠中は、無意識におなかをかばう姿勢をとりやすく、上半身に力が入り、緊張しがちです。胸から背中にかけての筋肉をストレッチしながら呼吸を深めることで、肩甲骨まわりの血流を促し、肩こりを改善します。また、正しい姿勢をキープする筋力がつくため、猫背の改善効果も期待できます。

こんな効果もあります

- 猫背の改善
- 呼吸が深くなる
- 二の腕の引き締め
- 脚のむくみ解消
- 産後の母乳ケア

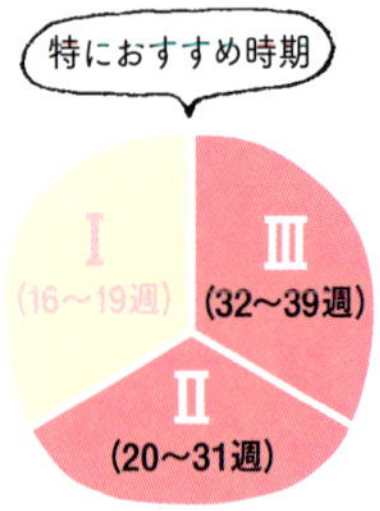
特におすすめ時期
I
（16～19週）
III
（32～39週）
II
（20～31週）

Let's start!
吸う↔吐く
3呼吸

1 割座で座り、骨盤を立てる

割座（P21）で座り、骨盤を立てて背すじを伸ばし、両手はひざに置きます。

2 腕を上げ、そのつけ根を後ろに引く

右腕を天井のほうに上げ、右腕のつけ根をやや後ろに引きます。

3 ひじを肩に引き寄せ3呼吸キープ

右ひじを曲げ、そのひじを左手で持ち、肩の上まで引き寄せます。その状態で3呼吸し、左手を下ろします。

今はココ！

ココに効いてます

肩と背中の筋肉をほぐして血行を促進

背中側で手を取り合うことで、肩甲骨まわりの筋肉をストレッチし、肩関節の柔軟性をアップ。呼吸を深めることで血行を改善します。また、日常生活であまり使わない二の腕の引き締め効果もあります。

首の後ろをリラックス
背すじを伸ばす
おなかの赤ちゃんを背骨のほうへ引き寄せるように

後ろから見ると

肩甲骨辺りで手を取り合う

Easy

手が届かない場合はベルトやタオルを使いましょう

吸う　吐く

吸う↔吐く
5呼吸

4

背中側で手を取り合って呼吸を行う

息を吸いながら左肩を後ろに引いて左手のひらを後ろに向け、息を吐きながら、背中側で右手を取ります。おなかの赤ちゃんを背骨側に引き寄せ、もう一度、息を吸いながら背すじを伸ばし、息を吐きながら首の前後をゆるめます。ここから５呼吸キープ。両手をゆっくりとほどいて、ひと呼吸します。

反対側も同様に

2 ねじりのポーズへ

DVD
LESSON5
2

腸への刺激で妊娠期のがんこな便秘を改善

ねじりのポーズ（マリーチ・アーサナ）

上半身のねじりと呼吸で内臓機能を活性化

妊娠中は黄体ホルモンの働きで腸の機能が低下するうえ、お通じのときに腹圧がうまくかけられず、便秘に悩まされることも。ねじりのポーズで内臓に刺激を与え、腸の動きを活性化させましょう。その際赤ちゃんがいるおなかは無理にねじらず、背すじを伸ばして、深い呼吸に合わせ、ろっ骨から上をねじります。

こんな効果もあります

- 腰痛の改善
- 骨盤のゆがみ改善
- 背中まわりの緊張をほぐす
- 血行の促進
- 二の腕の引き締め

特におすすめ時期

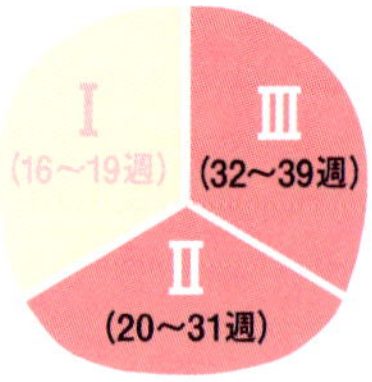
Ⅰ
（16〜19週）
Ⅲ
（32〜39週）
Ⅱ
（20〜31週）

Easy

骨盤が後傾する場合はブランケットなどを敷いて骨盤を立てましょう

吸う　吐く

1 両脚を伸ばして座り、骨盤を立てる

両脚を前に伸ばして座り、両手はカップハンズして床に置きます。背すじを長く伸ばして骨盤を立てます。

2 右ひざを立て、体の外に向ける

息を吸って右ひざを立てて少し外側に開き、吐いて右手で抱えます。右つま先も外に向け、一方、左ひざのお皿とつま先は天井に向けます。左手はカップハンズにし、左腰の後ろの床に置きます。

今はココ！

産後には

逆にねじって

産後は曲げた脚のほうに体をねじります。ねじりが深くなり、より内臓に効果的な刺激が加わります。

ココに効いてます

背骨の上部をねじると腹部にも刺激が浸透

赤ちゃんのいるおなかの部分はあまりねじらず、骨盤をしっかり立てて座り、背すじを伸ばして背骨の上部をツイストすることで、腸のある腹部にもしっかりと刺激が入ります。

背すじを伸ばす
吸う
吐く
吸う↔吐く
5呼吸
左のひざのお皿とつま先は天井に向ける
右のひじとひざを押し合う
つま先は外に向ける

3

背すじを伸ばしながらツイスト

息を吸いながら右腕を天井のほうに伸ばし、吐きながら右ひじを曲げて右ひざの内側に置きます。息を吸って背すじを伸ばし、吐いて胸から上を左へツイスト。右ひじと右ひざを押し合いながら背すじを伸ばし、余裕があれば目線も左肩の先に向けます。左足のつま先、ひざのお皿は天井に向け続けます。ここで5呼吸キープします。

反対側も同様に

つなぎ
脚を伸ばしてひと休み

ねじりから解放された感覚を味わいます。

DVD
LESSON5
3

こわばりやすいお尻まわりをほぐして腰痛を改善!

針の穴のポーズ（スチランドラ・アーサナ）

お尻まわりから脚全体をストレッチし、下半身の血行を促進

腰痛は妊娠中の代表的なトラブルのひとつ。お尻と腰の筋肉を伸ばしながら、つま先をすね側に曲げてふくらはぎも伸ばし、脚全体をストレッチします。お尻、骨盤周辺の血行をよくし、痛みをやわらげます。坐骨神経の始点である腰まわりの緊張をほぐすことで、坐骨神経痛の改善にも役立ちます。

こんな効果もあります

- 便秘の改善
- リンパの流れ促進
- 脚のつり予防
- 坐骨神経痛の改善
- 骨盤のゆがみ改善

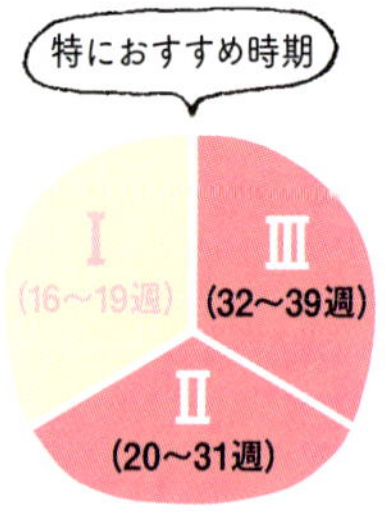
特におすすめ時期
Ⅰ
（16〜19週）
Ⅲ
（32〜39週）
Ⅱ
（20〜31週）

吸う　吐く

1

あお向けになって右足首を左ひざに乗せる

あお向けになり、両ひざを立てます。右脚の外くるぶしの辺りを左ひざの上に乗せます。両腕は床に伸ばし、お尻の横に置きます。

2

左脚を上げて右ひざを外に開く

右つま先を右すねのほうに曲げ続け、左脚を床から持ち上げます。左手で左ももの外側を持ち、息を吸って背すじを伸ばし、息を吐いて右ひざを外へ開きます。

今はココ！

ココに効いてます

梨《り》状《じょう》筋をストレッチしてお尻まわりの柔軟性をアップ

お尻の奥にあり、骨盤の仙骨からのびていて、股関節を外旋させる働きのある梨状筋をストレッチします。ここをほぐすと骨盤まわりの筋バランスが整って血流もよくなり、腰の痛みや坐骨神経痛がラクになります。

Easy
2の姿勢で
キープしてもOK

息を吐いて
おなかのほうに
ひざを引き寄せる
つま先は
すねのほうに
曲げ続ける
吸う
吐く
吸う↔吐く
5呼吸
ひざを
外側に開く

3

ももの裏を両手で持っておなかのほうに引き寄せる

右手を足の間から通して両手で左ももの裏を持ちます。吸ったときに背すじを伸ばし、吐くときに両手で左脚をおなかに引き寄せるようにし、5呼吸キープ。右つま先はすねのほうに曲げ続け、右のお尻の奥が伸びているのを感じて。

反対側も同様に

DVD LESSON5 4

脱力効果で妊娠期の疲労感を軽減

ママのための橋のポーズ

(ママのためのセーツ・バンダ・サルヴァーンガ・アーサナ)

骨盤まわりの圧迫を解放し、呼吸の力でリラックス

補助具の助けを借りてお尻を高く持ち上げ、子宮の重みから下半身を解放し、お尻まわりのうっ血や骨盤の緊張を緩和。さらに「浄化の呼吸法」(P23)を合わせることで骨盤底筋をゆるめ、疲労感をとります。圧迫されていた内臓もゆるむので、消化機能の改善効果も。逆子にも効果的です。

こんな効果もあります

- そけい部のつまりを軽減
- 心肺機能の活性化
- 消化機能の活性化
- 逆子を直す
- 痔《じ》の予防

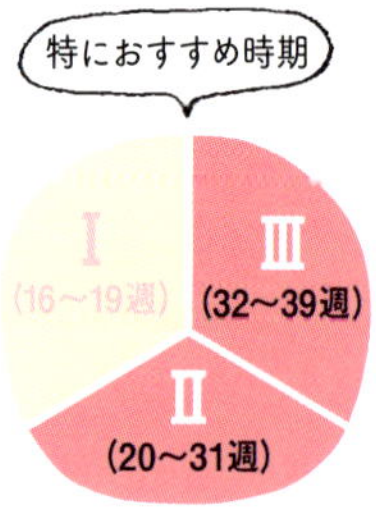

特におすすめ時期
I
(16〜19週)
III
(32〜39週)
II
(20〜31週)

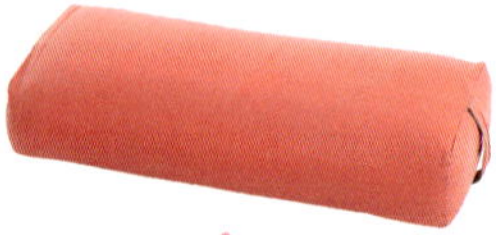

+

吸う
吐く

1 あお向けでひざを立て腰幅に開く

あお向けでひざを立て、かかとをひざの真下に置きます。足は腰幅に開き、平行に保ちます。近くにボルスターを用意しておきます。

2 お尻を持ち上げてボルスターを入れる

両手をお尻の横に置き、息を吸いながらお尻を床から持ち上げ、吐きながら仙骨の下にボルスターを入れます。

おなかの重みから解放され
まるで花が咲くようにリラックス

お尻を高く上げることで、骨盤底筋がおなかの重みから解放されてラクに。

ココに効いてます

下半身を子宮の重みから解放してめぐりを改善

補助具の力でお尻を高くして、そけい部や骨盤底筋などを子宮の重みから解放。消化機能が活性化し、下半身のめぐりが促され、痔の予防にも役立ちます。胸が開くので、呼吸が深まり心肺機能を高める効果も。

ひざが開かないように

肩甲骨を寄せて
胸を開く

仙骨の下に
ボルスターを入れる

浄化の呼吸法
2呼吸

3

補助具に腰を下ろして浄化の呼吸法を行う

肩甲骨を中央に寄せて胸の前を開きます。両手は体の横でもおなかの上でもＯＫ。ここで、鼻から吸って口から吐く浄化の呼吸法を自分のペースで２回繰り返します。逆子直しの場合には、５～10分ほどキープします。両脚で床を押してお尻を持ち上げ、補助具をはずして、ゆっくりと背中、腰、お尻と床に戻します。

つなぎ
左側を下にして起き上がります

5
両脚を壁に上げるポーズへ

DVD
LESSON5
5

重力を利用して脚のむくみや疲れをオフ

両脚を壁に上げるポーズ (ヴィパリタ・カラーニ)

おなかの重みがかかる脚を十分にリラックスさせる

脚全体のだるさは、妊娠により大きくなった子宮が下半身の神経や血管を圧迫することで起こります。両脚を壁に上げ、ふくらはぎをストレッチすることで筋肉の疲労をとり、重力の助けも借りて、血液やリンパの流れを改善しましょう。自然と頭に血流が戻るので、頭痛や不眠にも効果があります。

こんな効果もあります

- 腰痛改善
- 疲労感の解消
- 静脈瘤《じょうみゃくりゅう》の予防
- 不眠改善
- 頭痛改善

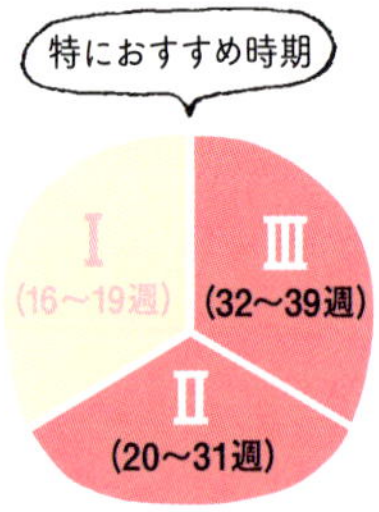
特におすすめ時期
Ⅰ
(16～19週)
Ⅲ
(32～39週)
Ⅱ
(20～31週)

1

壁の近くにひざを立てて座る

壁のすぐ近くにひざを立てて座ります。ボルスターを近くに置きます。

2

あお向けに寝て脚を上げ、足の裏を壁に置く

両ひざを壁と反対側に倒し、ゆっくりと床にあお向けになります。両脚はひざを曲げて足の裏を壁に置きます。

3

ボルスターを腰の下に入れる

足の裏で壁を押してお尻を持ち上げ、仙骨の下にボルスターを入れます。

今はココ！

砂時計の砂が落ちるように血液もリンパも戻っていく

無理に伸ばそうとしなくても重力で脚に溜まっていたものが戻っていきます。

ココに効いてます

脚を上げて下半身のめぐりを改善

脚を高く上げ、頭の位置と逆転させ、壁に支えてもらってその状態をキープすると、重力により自然とめぐりがよくなります。おなかや腰、太もも、背中の緊張も自然ととれてゆるんでいきます。

仙骨の下にボルスターを入れる

心地よければ、5～10分キープしてもOK

自然呼吸

もも裏が伸びすぎて痛い場合は、壁から腰を少し離す

4

両脚を壁に伸ばして重力に任せてリラックス

両脚を伸ばして壁にあずけ、両手をラクなところに置いて胸の前を開きます。脚は無理に伸ばそうとするのではなく、リラックスして重力に任せます。自然呼吸を続け、心地よければ5～10分キープしてもよいでしょう。

つなぎ
横になってお休み

体の左側を下にして横になり、血液が下半身にまためぐるまで休みます。

吉兆座でひと休み。

Finish

DVD SPECIAL MENU

陣痛のときに役立つ呼吸法を練習しよう

声を出す浄化の呼吸法

口から息を吐き出すマタニティヨガ独自の呼吸法である浄化の呼吸法。声を長く伸ばしながら行うことで、より深い呼吸とリラックスを促します。陣痛の痛み逃しに役立つので、マスターしましょう。

鼻から吸って口から吐き出す2つの呼吸法、「声を出す浄化の呼吸法」と「浄化の呼吸法」(P23)で、深く長く吐き出しましょう。自分が発する低めの音を聞きながら深く吐くことで、リラックス効果が高まります。陣痛時に行えば、痛みを緩和するのに役立ち、たくさんの酸素、栄養、必要なホルモンなどを赤ちゃんへと送れるでしょう。

そのためには妊娠中から練習しておくことが大切。1回の陣痛は1分程度ですから、その時間を想定して、オーと低い音を出しながら息を吐き続けます。その最初と最後にハーと口から吐き出す通常の浄化の呼吸法を行います。そうすることで、出産を見守ってくれている人たちに陣痛の始まりと終わりを知らせることができます。

姿勢は…

自分にとって落ち着ける姿勢をとりましょう。吉兆座、割座、よつんばい、あるいはひじをついたよつんばいでもよいでしょう。

練習のし方

❶浄化の呼吸法をひと呼吸

ゆったりと深く息を鼻から吸って、ハーと口から吐きます。これから訪れる陣痛の痛みを迎え入れます。

❷ 約1分、オーという声を出す

約1分間、オーという声を出して呼吸をします。鼻から吸い、口からオーと声を出して息を吐ききります。のどをゆるめて音の振動を感じましょう。

❸浄化の呼吸法をひと呼吸

ゆったりと深く息を鼻から吸って、ハーと口から吐きます。痛みを手放し、陣痛と陣痛のゆるんだひとときを味わいます。

LESSON 6

骨盤を体の内側から整えて、
元気なママに！

産後の
ボディケアヨガ

妊娠や出産でゆるんだ骨盤を調整し、
骨盤底筋や腹筋を引き締めていくプログラムです。
産後に起こりがちな不調の予防＆改善にも効果的。
産後6週間以降、医師から運動の許可が下りたら、
体の様子を見ながら始めましょう。

インナーマッスルを強化して産後のボディを立て直す

出産後は、赤ちゃんが通ってきた骨盤は広がり、周辺の筋肉もゆるんでいます。ほうっておくと、尿もれや腰痛など痛みや不調の原因に。そんなトラブルを回避するには、筋力をつけ、体の内側から整えることが大切です。この時期はどうしても赤ちゃんの世話で手一杯になりがちですが、時間がないときは、1ポーズだけでもOK。育児の合間にこまめに行っていきましょう。産後の太陽礼拝（P30）と合わせて行うと効果がよりアップします。

※一般に、産後6週間以降、医師から運動の許可が下りたら始めましょう。

start!

1 産後のおなかとお尻の筋肉の立て直し

よつんばいの片脚で猫のポーズ

よつんばいの片脚でキャット&カウ

2 バランス力を鍛えて集中力もアップ！

木のポーズ

ブルックシャ・アーサナ

point

こうすると しっかり効果が出る

山のポーズを意識して 骨盤底筋を引き上げましょう

お産でゆるんだ骨盤底筋を引き締めながらポーズをとることを意識しましょう。そのためには、基本の立ち姿勢、山のポーズ(P20)で重心を修正すること。足の裏4点でしっかりと立ち、太ももや土踏まずを引き上げると、自然と骨盤底筋が引き上がります。

3 たるんだおなかを 刺激してペタンコ下腹に

舟のポーズ

ナーヴァ・アーサナ

4 骨盤を引き締めて ゆがみを改善

聖者のねじりのポーズ

アルダ・マッチェンドラ・アーサナ

5 ゆるんだ骨盤底筋を 引き締める！

橋のポーズ

セーツ・バンダ・サルヴァーンガ・アーサナ

DVD

LESSON 6

1

産後のおなかとお尻の筋肉の立て直し

よつんばいの片脚で猫のポーズ

(よつんばいの片脚でキャット＆カウ)

妊娠中に衰えた筋力をバランスよく鍛える

ヒップアップ効果に、産後ゆるんだおなかの引き締め効果と、お尻とおなかの筋肉をいっぺんに鍛えられるポーズです。また、背中を丸めたり伸ばしたりする動きは、背骨まわりの血行をよくし、猫背や背中痛の改善効果も大。腹圧をかけずに行うと腰を痛めやすいので、腹筋をしっかり使いながら行いましょう。

こんな効果があります

- 下半身の引き締め
- おなかの引き締め
- 背中痛の改善
- 猫背の改善
- 血行促進

Let's start!
吸う
吐く
つま先を閉じ合わせる
ひざをくっつける
ひざをひたいにできるだけ近づける

1

よつんばいになり、ひざとつま先を閉じる

よつんばいになります。ひざとひざを真ん中にくっつけてつま先も軽くとじ合わせます。ひと息吸います。

2

息を吐きながらひざをひたいに近づける

息を吐きながら右ひざを持ち上げてひたいに近づけ、背中を丸めてなるべく小さくなります。

今はココ！

Easy

脚は高く上げなくてもOK

ココに効いてます

おなかもお尻も刺激

脚を上げるときにお尻の筋肉・大殿筋ともも裏の筋肉・ハムストリングスを刺激します。つねに意識しておなかに力を入れるようにすると、腹筋にも効き、おなかもお尻もバランスよく鍛えられます。

脚は遠くに伸ばす
吸う
目線は斜め上
胸は前に出す
4回繰り返す
腹筋をしっかり使う

3

息を吸いながら全身を長く伸ばす

息を吸いながら右脚を遠くに伸ばし、胸は前、目線は斜め上に向けます。呼吸に合わせ、2と3を4回繰り返し、息を吸いながら右脚を下ろします。

反対側も同様に

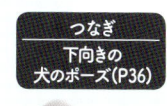

つなぎ

下向きの犬のポーズ(P36)

よつんばいから両ひざを持ち上げます。

DVD

LESSON 6

2

バランス力を鍛えて集中力もアップ！

木のポーズ（ブルックシャ・アーサナ）

下半身は力強く使い、上半身は気持ちよく伸ばして全身のバランス力を強化

10か月かけて赤ちゃんとともに大きくなった子宮は、約6～8週間で妊娠前の大きさに戻るのですが、その急激な変化に体は重心が定まらず、バランスが乱れがち。片足でしっかり立って胸を大きく開くこのポーズで、全身のバランス力を高めていきましょう。

こんな効果もあります

- **脚力の強化**
- **肩こりの改善**
- **骨盤底筋の引き締め**
- **内ももの引き締め**

1

足の裏4点で大地を押して立つ

山のポーズで立ちます（P20）。足の裏4点で大地を押して、しっかり大地に根を生やし、頭頂と胸は天井のほうに伸びるイメージ。両肩を少し後ろに引きます。

2

右ひざを軽く曲げて開き、右かかとを左足首に置く

両手を腰に当て、左足に体重をのせます。右ひざを軽く曲げ、そのひざを外側に開いて、かかとを左足首の内くるぶし辺りに当て、互いに押し合います。

今はココ！

しっかり根を生やして上に伸びる大きな木のイメージ

BABY

大地に根をしっかり生やすように下半身はどっしり、上半身はのびやかに。

吸う↔吐く
3呼吸
足の裏と内ももで押し合う
足の裏4点で床を押す

Easy

足は高く上げなくてもOK

ココに効いてます

内転筋と骨盤底筋を引き締めて骨盤力を強化

足の裏と内ももで押し合うことで、内ももの筋肉・内転筋を強化。さらに骨盤底筋を引き上げ、お産でゆるんだ骨盤周辺の筋肉を引き締めます。両腕を上げることで肩まわりの筋肉もほぐれます。

3

押し合う力で安定させ、両腕を伸ばす

右の足の裏を左のふくらはぎ、可能なら左の内ももに当てます。右足の位置を高くするよりも左の足の裏4点で床をしっかり押し続けるほうを優先しましょう。右の足の裏と左の内ももで押し合い、バランスをとり安定させます。吸いながら両腕を天井のほうに伸ばし、3呼吸キープします。

反対側も同様に

DVD

LESSON 6

3

たるんだおなかを刺激してペタンコ下腹に

舟のポーズ（ナーヴァ・アーサナ）

インナーマッスルに刺激を与えて産後のおなかにアプローチ

骨盤を立て、腹筋のなかでもいちばん奥にある腹横筋をしっかり使ってバランスをキープします。お産でたるんだ下腹部を引き締め、ぽっこりおなかを解消します。おへその下を内側へと引き入れるようにおなかに力を入れることで内臓も活性化。代謝アップや便秘改善効果も期待できます。

こんな効果があります

- おなかの引き締め
- 腰痛の改善
- 集中力アップ
- 内臓機能の活性化
- 代謝アップ

1

ひざを立てて座りかかとを体に引き寄せる

ひざを立てて座り、両手をひざの後ろに添えてかかとを体に引き寄せます。骨盤を立てておへそを内側に引き入れます。両肩を後ろに引きます。

2

上半身を少しずつ後ろに傾けていく

骨盤を立てた状態で上半身を後ろに傾け、バランスをとります。

今はココ!

舟を停めるイカリのイメージで

イカリで舟をしっかり停めるように、腹筋と背筋でバランスをとります。

NG

骨盤が後傾して背中が丸まらないように

ココに効いてます

おなかの奥の筋肉、腹横筋にアプローチ

おなかの深層でコルセットのように働くインナーマッスル・腹横筋をしっかり働かせ、おなかを内側から引き締めます。また、おなかに力を入れることで内臓も活性化され、産後の便秘対策にもなります。

両肩を後ろに
引いて胸を開く
すねは
床と水平に
背すじを
長く伸ばす
おへその下を
内側に引き入れて
腹筋を使う

吸う↔吐く
3呼吸

3

両脚のすねを床と水平に持ち上げ前ならえをする

安定したら両脚のすねを床と水平に持ち上げ、余裕のある人は両手の支えをはずして両腕を床と水平に伸ばします。腹筋と背筋をバランスよく使い続け、両肩を少し後ろに引いて胸の前も広く保ちます。3呼吸キープします。

DVD
LESSON 6
4

骨盤を引き締めてゆがみを改善

聖者のねじりのポーズ（アルダ・マッチェンドラ・アーサナ）

心地よいねじりで骨盤のゆがみを整える

背骨を軸にしてねじることで、背骨を支える筋肉や体側の内腹斜筋や外腹斜筋、お尻にある殿筋群を刺激。背骨〜骨盤まわりの硬くなった筋肉をほぐしてゆがみを改善します。ウエストの引き締めにも効果的です。また、胸を開くことを意識すると母乳のケアにも役立ちます。

こんな効果もあります

- **ウエストの引き締め**
- **内臓機能の活性化**
- **便秘の改善**
- **背中痛の改善**
- **腰痛の改善**

1

両脚を伸ばして座り、骨盤を立てる

両脚を前に伸ばし、骨盤を立てて座ります。もし、骨盤が後傾してしまう場合は、ブランケットなどの上に座って行いましょう。

2

足をクロスさせて両坐骨を床につける

右ひざを立て、右足を左脚の外側に置きます。可能であれば左脚も曲げてかかとをお尻に近づけます。両坐骨が安定しているかを確認します。

今はココ！

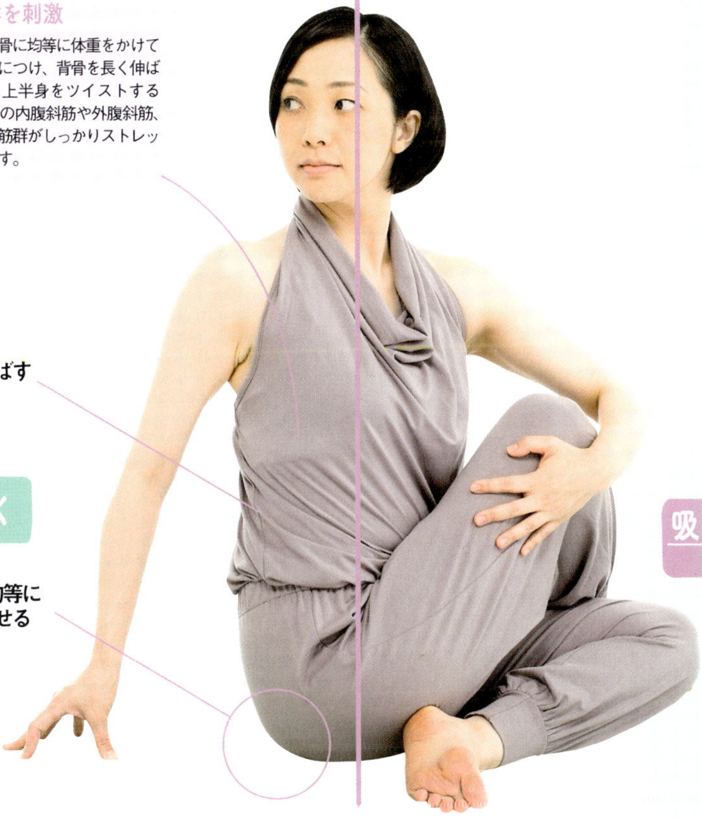
中心の軸は
まっすぐのまま
ねじる
背すじを長く伸ばす
吸う
吐く
両坐骨に均等に
体重をのせる
吸う↔吐く
5呼吸

ココに効いてます

内腹斜筋や外腹斜筋、殿筋群を刺激

両方の坐骨に均等に体重をかけてお尻を床につけ、背骨を長く伸ばしながら上半身をツイストすると、体側の内腹斜筋や外腹斜筋、お尻の殿筋群がしっかりストレッチされます。

Easy

片方の坐骨が浮く場合は片脚を伸ばしたままでOK

ねじりは浅くてもOK

3

呼吸に合わせて上半身をひねる

右手をカップハンズにして腰の後ろに置きます。左手で右ひざを持ち、息を吸って背骨を長く伸ばし、息を吐いて右側へ上半身をねじります。両坐骨に均等に体重をのせ、息を吸ってさらに背骨を長く伸ばし、息を吐いて下から背骨をひとつずつねじるように意識します。5呼吸キープ。

反対側も同様に

DVD
LESSON 6
5

ゆるんだ骨盤底筋を引き締める！

橋のポーズ（セーツ・バンダ・サルヴァーンガ・アーサナ）

内ももやお尻の筋肉を使うことで連動する骨盤底筋を刺激！

お尻を持ち上げるのに、太ももの内側の内転筋や裏側のハムストリングス、お尻の大殿筋を使うので、ヒップアップはもちろん、連動する骨盤底筋の引き締め効果も抜群です。また、肩甲骨を寄せて胸を開くのでわきや鎖骨のリンパが刺激され、肩こり改善や母乳の分泌を促す効果も期待できます。

こんな効果もあります

- ヒップアップ
- 血行促進
- 肩こりの改善
- 産後の母乳ケア
- ストレス緩和

吸う

1

あお向けでひざを立て足は腰幅に開く

あお向けになり、ひざを曲げてひざの真下にくるようにかかとを置きます。足は腰幅に開き、平行に保ちます。両手をお尻の横の床に置きます。

2

胸を開いた状態でお尻を持ち上げる

両肩を背中側で寄せて胸の前を広くし、息を吸いながらお尻を持ち上げていきます。ひざが左右に開かないように、ひざの間は腰幅を保ちましょう。

今はココ！

斜めから見ると
NG

ひざは腰幅を保つ

ひざが開き
すぎないように

ココに効いてます

ハムストリングスと大殿筋にアプローチ

お尻にある大殿筋、太ももの内側の内転筋や裏側のハムストリングスを使って、骨盤底筋を引き上げます。また、胸を開くことでろっ骨が広がり、呼吸が深まって自律神経のバランスが整います。

ひざは遠くへ
吸う↔吐く
5呼吸
肩甲骨を寄せて
胸を開く
かかとがひざの
真下にくる

3

肩甲骨を寄せて胸を開き お尻を上げた状態を保つ

お尻を持ち上げた状態で、背中側で指と指をからめて組み、肩甲骨をさらに寄せ、そこで呼吸を深めて５呼吸キープします。ひざは左右に開かないように。肩に近いほうから背骨をひとつずつ床に下ろして、１に戻ります。

Finish!

ひざを立ててお休み

すべての力を抜いてお休みします。

Epilogue

おなかの赤ちゃんと一緒に行うマタニティヨガはいかがでしたか？

ヨガには「調和」という意味があり、

体をほぐして、心をほぐすことで、

「がんばることと無理をしないこと」

「強さとやわらかさ」といった対極のバランスを整えられると言われています。

また、ヨガを通じて体の心地よさや感じる力を高めておくと、

お産のときも自分に必要なことが自然とわかるようになります。

妊娠、出産、育児という女性にとってダイナミックな変化を伴う時期に、

マタニティヨガで自分に向き合う時間を

持つことは、心と体を健やかに前向きに過ごしていくのにとても

役立つのではないかと思います。

おなかに赤ちゃんがいるという特別な10か月。

赤ちゃんと一緒に自分自身も成長するつもりで、

マタニティヨガを楽しんでください。

みなさんがよいお産を迎えられますように。

マリコ

HAPPY MATERNITY LIFE

教室に通ってマタニティヨガを始めたい人に

studio yoggy
new york

スタジオ・ヨギー

国内最大級の規模を誇るヨガスタジオ。現代人の多様なライフスタイルとニーズに合わせたさまざまなスタイルのヨガを提供しています。そのなかには、妊娠期から産後、育児中まで、女性の心と体をサポートするマタニティヨガや産後リカバリーヨガのクラスもあり、著者のマリコ先生、監修のリカ先生のレッスンも随時開講。初心者でも安心して参加できる内容になっています。 http://www.studio-yoggy.com

全国のスタジオ一覧

★マタニティクラス　♧産後リカバリークラス　を開講しています。

スタジオ・ヨギー札幌　★♧　☎ 011-223-3822
北海道札幌市中央区北四条西 2-1-18 邦洋札幌 N4・2 ビル 5F

スタジオ・ヨギー大宮　★♧　☎ 048-640-7707
埼玉県さいたま市大宮区桜木町 1-11-2 YK-11 ビル（旧：勝俣第一ビル）4F

スタジオ・ヨギー TOKYO　★♧　☎ 03-6212-6851
東京都千代田区有楽町 1-7-1 有楽町電気ビル南館 2F

スタジオ・ヨギー銀座　★♧　☎ 03-5159-7159
東京都中央区銀座 2-7-18 藤田ビル 4F

スタジオ・ヨギー新宿 EAST　★♧　☎ 03-5919-4131
東京都新宿区新宿 3-27-4 新宿御幸ビル 7F

スタジオ・ヨギー新宿 WEST　☎ 03-5909-0851
東京都新宿区西新宿 1-21-1 明宝ビルディング 2F

スタジオ・ヨギー神楽坂　★　☎ 03-5225-3525
東京都新宿区神楽坂 2-1 志満金ビル 5F

スタジオ・ヨギー渋谷　★　☎ 03-5459-1315
東京都渋谷区道玄坂 2-3-1 渋谷駅前ビル 4F

スタジオ・ヨギー中目黒　★♧　☎ 03-5768-4313
東京都目黒区上目黒 1-26-1 中目黒アトラスタワー 2F

スタジオ・ヨギー池袋　★♧　☎ 03-5949-3571
東京都豊島区東池袋 1-41-6 菊邑 91 ビル 8F

スタジオ・ヨギー北千住　★♧　☎ 03-5244-7981
東京都足立区千住 2-62 大東通運ビル 5F

スタジオ・ヨギー横浜　★♧　☎ 045-317-5981
神奈川県横浜市西区北幸 1-1-8 エキニア横浜ビル 3F

スタジオ・ヨギー静岡パルコ　★♧　☎ 054-653-8655
静岡県静岡市葵区紺屋町 6 番地 7 静岡パルコ 3F

スタジオ・ヨギー名古屋　★♧　☎ 052-561-4117
愛知県名古屋市中村区名駅 4-26-22 名駅ビル 6F

スタジオ・ヨギー京都　★♧　☎ 075-257-5055
京都府京都市下京区四条通寺町西入奈良物町 358 日新火災京都ビル 3F

スタジオ・ヨギー心斎橋　★♧　☎ 06-6258-3930
大阪府大阪市中央区南船場 4-4-3 心斎橋東急ビル 8F

スタジオ・ヨギー OSAKA　★♧　☎ 06-6363-2181
大阪府大阪市北区曽根崎 2 丁目 16 番 19 号 メッセージ梅田ビル 6F

スタジオ・ヨギー福岡　★♧　☎ 092-738-5888
福岡県福岡市中央区天神 2-12-1　天神ビル 10F

著者・モデル

マリコ（春口真理子）

ヨガインストラクター。アパレルに勤務中、健康のためにヨガを始める。体の内側から健やかになるのと同時に、心にもたらされた変化に気づき、自分が本質的に求めているものがヨガにあると直感、本格的にヨガの道へ進む。現在、1歳7か月になる息子の育児に励みながら、スタジオ・ヨギーでヨガの指導に当たっている。マタニティ（産前・産後）のクラスでは、自身の妊娠・出産・育児の経験をベースに、生徒一人ひとりの心に寄り添い、その人が本来持っている力を大切にする指導で、厚い信頼を得ている。

監修

リカ（元垣内 里果）

ヨガインストラクター。スタジオ・ヨギー ヨギー・インスティテュート スクールディレクター。コンテンポラリージャズダンスのクラスを通してヨガと出会い、体が整うのを感じてヨガの道へ。現在、体の外側と内側に多くの変化をもたらすヨガを、多くの方と分かち合うことに感謝と喜びを感じつつ、心温まるクラスを心がけている。また、マタニティ・産後リカバリーヨガ・インストラクター養成コース講師をはじめ、さまざまなインストラクター養成のためのトレーニング講師を務めている。

医学監修

松村圭子

婦人科医。広島大学医学部卒業。成城松村クリニック院長。日本産科婦人科学会専門医。女性が気兼ねなくご相談できるかかりつけ医院を目指し、日々診療を行っている。著書に『女性ホルモンがつくる、キレイの秘密』（永岡書店）、『女性ホルモンを整えるキレイごはん』（青春出版社）などがある。

MATERNITY YOGA LESSON

DVD付き おうちでマタニティヨガレッスン

2015年9月8日　第1刷発行

著者　マリコ（スタジオ・ヨギー）
発行人　鈴木昌子
編集人　姥　智子
編集長　小中知美
発行所　株式会社　学研パブリッシング
〒141－8412　東京都品川区西五反田2-11-8
発売元　株式会社　学研マーケティング
〒141－8415　東京都品川区西五反田2-11-8
印刷所　凸版印刷株式会社

●この本に関する各種お問い合わせ先
【電話の場合】
編集内容については　Tel 03-6431-1223（編集部直通）
在庫、不良品（落丁、乱丁）については　Tel 03-6431-1250 販売部直通）
【文書の場合】
〒141－8418　東京都品川区西五反田2-11-8
学研お客様センター『DVD付き おうちでマタニティヨガレッスン』係
●この本以外の学研商品に関するお問い合わせは下記まで
Tel 03-6431-1002（学研お客様センター）

学研の書籍・雑誌についての新刊情報・詳細情報は、下記をご覧ください。
学研出版サイト　http://hon.gakken.jp/

DVDに関するお問い合わせ先

DVDの操作方法や不具合に関するお問い合わせ先です。
DVDの内容に関しての質問はお受けできません。
DVDサポートセンター
0120-500-627　受付時間10時～17時（平日のみ。土・日・祝のぞく）